公司治理与国企改革研究丛书

主编 高明华

中国国有企业公司治理分类指引

A Classification Guide to Corporate Governance of China's State-Owned Enterprises

高明华等 著

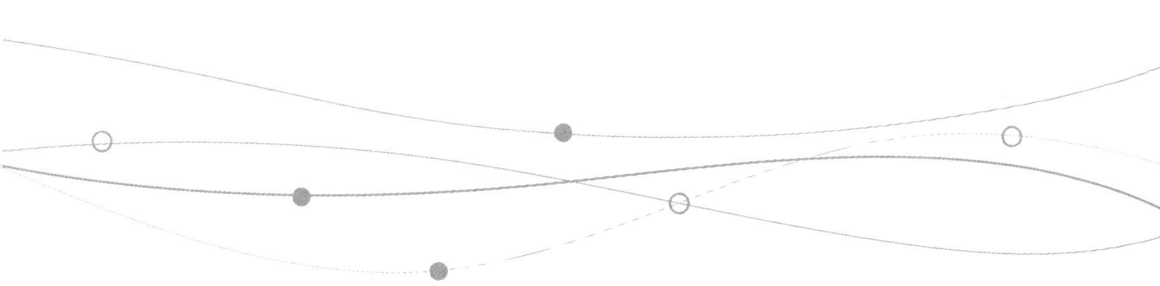

中国出版集团 東方出版中心

国家社科基金重大项目(批准号14ZDA025)阶段性成果
国家社科基金重点项目(批准号12AZD059)阶段性成果
英国SPF(战略繁荣基金)项目最终成果

课题组顾问

李晓南：国务院国有重点大型企业监事会主席

褚　平：全国政协经济委员会副主任、全国工商联前副主席

李明星：中国企业联合会执行副会长

刘迎秋：中国社会科学院民营经济研究中心主任、中国中小企业协会特邀副会长、中国社会科学院研究生院原院长、教授、博士生导师

朱碧新：中国诚通控股集团董事、总裁

王润秋：国务院国资委企业改革局原副局长，现中国国新控股有限公司纪委书记

黄　明：中国证监会研究中心副主任

谢鲁江：中央党校经济学部发展教研室主任、教授、博士生导师

沈　越：北京师范大学经济与工商管理学院原党委书记、教授、博士生导师

课　题　组

课题主持人：高明华

课题组成员：杨　丹　张会丽　方　芳　焦　豪　杜雯翠　苏　然　张　瑶　宋盼盼　张祚禄　付亚伟　杨一新　赵　旋

作者简介

高明华，经济学博士、博士后，北京师范大学公司治理与企业发展研究中心主任，经济与工商管理学院教授，博士生导师，国家社科基金重大项目首席专家。兼任教育部工商管理类专业教学指导委员会委员，新华社特约经济分析师，上海证券交易所第一届信息披露咨询委员会委员，中国出版集团顾问委员会委员，中国社会科学院、清华大学、南开大学、中央财经大学、首都经济贸易大学等单位学术机构的学术委员或研究员。先后就职于南开大学、北京大学和中国银行总行。

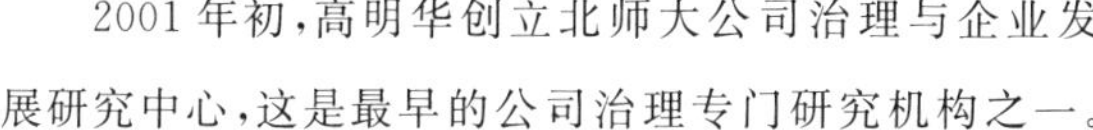

2001 年初，高明华创立北师大公司治理与企业发展研究中心，这是最早的公司治理专门研究机构之一。早在 20 世纪 90 年代初期，作为最早研究中国公司治理问题的学者之一，高明华就提出了国有资产三级运营体系的设想，对国企公司治理做了较深入的探索。其关于国有资产三级运营体系、国企分类改革和分类治理、国企负责人分类和分层等观点均为国家及有关政府机构所采纳。25 年来，作为中国公司治理理论的探索者和先行者，高明华及其研究团队取得了丰硕的成果，奠定了其在学术界的领先地位。2008 年，在国内外率先提出“中国公司治理分类指数”概念，并创立“中国公司治理分类指数数据库”，推出“中国公司治理分类指数系列报告”，目前已出版 6 类 14 部指数报告，出版指数报告居国内首位，并建成了国内最大规模的公司治理分类指数专业性数据库。中国公司治理分类指数系列被国内外专家认为是“可以列入公司治理评级史册的重要研究成果”。2014 年 10 月，发起成立“中国公司治理论坛”。

高明华主持及参与的国内外课题有 40 余项，独立、合作出版著译作 49 部，发表论文和研究报告 200 余篇。相关成果（包括合作）曾获第十届和第十一届孙冶方经济科学奖等各种奖励，其代表性著述主要有：《关于建立国有资产运营体系的构想》（1994）、《权利配置与企业效率》（1999）、《公司治理：理论演进与实证分析》（2001）、《公司治理学》（2009）、《中国国有企业公司治理分类指引》（2016）、“中国公司治理分类指数报告系列”（2009～2015，包括高管薪酬、信息披露、财务治理、企业家能力、董事会治理和中小投资者权益保护 6 类 14 部），主编《治理译丛》（4 部）和《公司治理与国企改革研究丛书》（8 部）。

研究方向：公司治理、企业理论、国资监管与国企改革、民营企业发展等。

总 序

两年多前，我在自己的办公室接待了中国出版集团东方出版中心副总编辑祝新刚先生以及财经编辑部主任鲁培康先生。他们从上海赶来北京向我约稿，并向我介绍了中国出版集团努力发挥国家队的使命担当，围绕中心、服务大局，建设财经产品线的战略规划。近年来，由于国企改革渐成热点，公司治理广受关注，所以他们希望我发挥自己的学术专长和资源优势，为他们组织和主编一套丛书。我听了他们的想法和思路很受触动，所以一拍即合，当即就接受了他们的约稿。

20世纪90年代初，我开始致力于企业理论与公司治理问题的研究。多年来有关公司治理理论和实践的探索和研究，使我深刻体会到中国公司治理行政化的积弊根深蒂固。2014年，在国务院国资委职业经理人研究中心举办的"经理人大讲堂"上，我做了题为"公司治理与国企发展混合所有制"的演讲，演讲结束后，国务院国资委一位官员说，中国企业家需要进行公司治理ABC的普及工作。他说的没有错，也曾有多次，我给企业家做报告，企业家反馈的信息是：公司治理原来是这个样子，我们原来的理解很多都错了。可见，公司治理在中国确有普及之必要，更有研究之急需。

公司治理的本质属性是契约，它要求企业必须尊重每个利益主体的法律地位和独立人格，要在充分尊重每个利益主体意见的基础上提出企业发展的战略决策，同时要使企业的每个行为主体都能够为自己的行为独立承担责任，这是契约之应有之义。然而，现实中很多中国企业，拥有话语权的只是少数特权者，而且还不用为自己的行为承担独立责任。权力和责任的不对称是中国企业公司治理的通病，也是中国畸形政商关系形成的土壤。

有鉴于此，自2007年开始，我做了三件事情，试图为促进中国公司治理的规范化发展尽自己的绵薄之力：一是从高管薪酬、信息披露、财务治理、董事会治理、企业家能力、中小投资者权益保护等六个方面，研制中国公司治理分类指数。目前已出版六类14部指数报告，从而全方位、多角度地阐述了中国公司治理的现状，以图找出中国公司治理的病症所在；二是主编“治理译丛”。这套译丛出版了四本（原计划五本），均是国外著名出版社的最新公司治理著作，所选书目以学术著作为主，兼及实务性著作。我们力求通过这套译丛的出版，为中国企业的公司治理规范化提供资料和借鉴；三是出版《公司治理学》，试图能够为大学开设公司治理课程提供支持。目前，开设公司治理课程的大学越来越多，这表明，中国公司治理规范化的教材得到了越来越多高校认同。

我现在所做的是第四件事，也是以上工作的延续和深化，这就是策划和出版这套“公司治理与国企改革研究丛书”。这是我多年来的一个夙愿，希望通过出版这套丛书，把中国学者（尤其是青年学者）最前沿的公司治理和国企改革研究成果奉献给社会，一方面扶持公司治理研究中的青年才俊；另一方面则是把脉中国国企改革中的公司治理“病症”，以利于探索和建立有中国特色的公司治理模式，因为这些研究成果均是以中国公司治理，特别是以国有企业的公司治理为研究对象的。

中国公司治理的不规范，尤其是政府介入公司治理的错位，导致中国滋生畸形的政商关系，而这种畸形的政商关系又是官商勾结和腐败的温床。改革开放以来，这种官商勾结已经达到触目惊心的程度。为什么存在如此严重的官商勾结？一个明显的且公认的原因是政府权力过大，且不受法律约束，造成公权可以随意介入和侵害私权，导致创租和寻租盛行，进而导致腐败。显然，杜绝官商勾结和腐败，必须从依法治企、压缩公权入手，而依法治企的实质是强化公司治理。

2013年11月，党的十八届三中全会通过的《中共中央关于全面深化改革若干重大问题的决定》明确提出，要“健全协调运转、有效制衡的公司法人治理结构。建立职业经理人制度，更好发挥企业家作用……建立长效激励约束机制”，由此开启了中国企业尤其是国有企业公司治理制度改革和机制创新的新局面。2014年10月，党的十八届四中全会通过的《中共中央关于全面推进依法治国若干重大问题的决定》提出“依法治国”的执政治国方针，从企业层面讲，这意味着企业改革和发展必须着眼于“依法治企”，而“依法治企”的本质就是公司治理的制度化（尤其是法治化）和规范化。2015年9月，中共中央、国务院发布《关于国有企业深化改革的指导意见》以及国务院《关于国有企业发展混合所有制的意见》，进一步强调，要“依法治企，健全公司法人治理结构。切实保护混合所有制企业各类出资人的产权权益”。无疑，国家已经把公司治理的规范化提到了国企改革的战略层面上。

本丛书即将付梓之时，正值党的十八届五中全会闭幕。五中全会报告再次强调：“发展是党执政兴国的第一要务”，而且必须“运用法治思维和法治方式推动发展”。可以说，党的十八大及十八届三中、四中、五中全会，为我国国企改革的不断推进和公司治理的深入发展奠定了理论基础。就此机会，着眼当前的国企改革与公司治理现状，我谈几个具体问题。

一、政府直接介入导致公司治理行政化

公司治理是通过建立一套制度安排（尤其是法律制度安排）或制衡机制，以契约方式来解决若干在公司中有重大利益关系的主体之间的关系，其实质是各利益相关者之间的权利安排和利益分配问题。换言之，公司治理是制度范畴，尤其是法律范畴，从这个角度，政府公权力（行政权力）是不能介入公司治理的。但是，政府作为制度尤其是法律的制定者，又是可以介入公司治理的。此时，政府是作为财产保护者而存在的，即政府要为企业发展提供规范、秩序和公平，其相应的收益是税收。对于国有企业，政府还作为国有财产所有者的代表而介入公司治理。此时，政府是作为投资者（国有股东）而存在，它要通过监督（法律监督和经济监督）获取最大化投资收益。但是，不管政府是作为法律的制定者，还是作为国有企业财产的所

有者(代表),政府的行为都限定在公司治理制度的框架内,而不是以自己掌握的行政权力介入。

然而,政府介入公司治理的方式却经常错位。现实中经常发生这样的情况,一方面,如果政府是股东,尤其是大股东的情况下(国有控股企业),则政府不仅派出代理人,而且必须让自己的代理人担任董事长,还可以越过董事会直接派人担任公司的总经理、副总经理、总经济师等高管人员。无疑,这是政府行政权力介入公司治理。当然,对于派出的高管人员,可能通过了董事会,但其实通过董事会仅仅是走形式,实质上董事会是被架空的。在很多情况下,尤其是在中央企业和地方重点国有企业中,政府派出的高管人员很多都具有行政级别,最高行政级别可达副部甚至正部级别。在政府公开招聘的国有企业高管中,即使没有赋予其行政级别,他们的行政色彩也是客观存在的。从国务院国资委多次全球公开招聘副总经理等高管情况看,由于招聘企业中并非只有国有独资企业,还有股份有限公司和有限责任公司,这类企业的高管聘用,按照公司法,无疑只能由董事会负责独立选聘,国家作为非单一股东,是无权单独招聘的。在政府直接任命或聘用的情况下,高管出现问题的概率不仅高,而且将无人对此负责。像中石化的陈同海、中石油的蒋洁敏、中国一汽的徐建一、东风汽车公司的朱福寿等,由于聘任他们的主体实际上是国资委或上级组织部门,而不仅仅是走形式的董事会,因此董事会是不可能对此负责的,而任命他们的国资委或上级组织部门由于是一个个集体组织,也无人对此负责,集体负责等于无人负责。

另一方面,如果政府不是股东,则政府通过设租,让公司治理服从于自己的意志,而企业(主要是民营企业)也乐于(或者无奈)通过寻租,寻求政府的支持,这使企业发展会因政府政策或领导人的变化而起伏,甚至走向不归路,同时也加大了投资者的投资风险。在民营企业中,寻求具有政府背景的人员担任公司高管具有相当的普遍性,这反映了中国企业与政府难以割舍的关系,聘请人大代表、政协委员,或聘请离退休的前任政府官员进入企业,是很多民营企业的追求。例如,在 2013 年度上市公司中,有 31.84%的企业曾有政府官员到访(企业对此视为荣耀而大力宣传),有

12.08%的CEO曾在政府部门任职，有9.77%的CEO为各级人大代表，有6.93%的CEO为各级政协委员。如果统计的对象是董事长，则曾在政府任职、担任人大代表和政协委员的比例将会更高。另外，同一企业还经常有多位政府背景的高管。如“七匹狼”，其高管中有政府背景的比例高达40%。

二、公司治理行政化导致畸形政商关系

公司治理行政化，是对法律的背离。公司治理的核心问题是股东大会、董事会和经理班子(执行层)的关系。三者是什么关系？对此各国公司法都有明确的规定，且所有国家的公司法在这方面几乎没有什么差别。公司法的规定是：股东大会选举产生董事会，董事会选聘总经理(CEO)。很显然，股东(大会)、董事会和经理班子相互之间不是一个纵向的等级关系(只有在经理班子领导的生产和经营系统，才是一个纵向的行政管理系统)，而是一组授权关系。每一方的权力和责任都受到法规的保护和约束，也就是说各方都有相对独立的权力运用空间和对应的责任，任何一方都不能越过边界、违反程序、滥用权力。如果股东大会和董事会被“架空”或“虚置”，则会出现股东对董事会，以及董事会对总经理监督上的“真空”。

仅就董事会和总经理的关系来说，他们代表的是不同的主体。董事会(包括董事长)作为股东的代理人，代表的是股东利益(现在已演变为以股东为核心的众多利益相关者的代表，独立董事作为“中立者”，就是代表这些不同的利益相关者的利益的)；而总经理作为从市场上选聘来的职业经理人，代表的是个人利益，他通过与董事会的契约关系获得授权。董事会是会议体制，董事会成员代表不同的利益主体，在董事会中，每个成员是平等的，没有身份高低之分，他们通过契约联系在一起，董事会的决策通过讨价还价而形成，包括董事长在内的任何人都没有凌驾于其他人之上的权力，所不同的只是投票权多少的不同(其实在美英习惯法系发达国家里，由于公司董事会的构成发生了很大变化，绝大部分都是独立董事，这种投票

权的差异正在大大缩小)，而董事长则不过是董事会的召集人，并没有高于他人的权力。基于董事会和总经理的这种差异，为了保证公司决策的科学性和高效性，并形成相互制衡的机制，董事长与总经理两个职务应该是分开的。

当然，在公司实际运作中，董事长和总经理是否分开可视具体情况而定，一般情况下取决于公司的规模，以及资本市场(尤其是控制权市场)和职业经理人的发育程度。当公司规模较小时，两职合一可以提高决策效率。当资本市场和职业经理人发育成熟时，来自这两个市场的强大的约束力量足以让同时担任董事长职务的总经理实现自我约束。但是，即使两职是合一的，在行使职权时也必须明确当时所处的角色，这样可以保证董事会和经理层两个权力主体的协调和相互制衡。当公司规模较大时，董事长和总经理则必须分开，因为此时二者代表的是更大的群体，二者合一会加大彼此的冲突。当资本市场和职业经理人发育不成熟时，由于来自这两个市场对经理人的约束力量偏弱，同时担任董事长的总经理的权力就会被放大，或者说，总经理侵害股东等利益相关者利益的可能性就会加大。因此，此时两个职务也必须分开。总之，无论董事长与总经理的职位是否分开，董事长与总经理的职权都要分开，应各负其责。董事长和总经理不相互兼任的原则，体现着公司的权责明确以及公司决策的科学性和效率性。

那么，公司治理是如何演化为行政治理的?这与对公司治理的错误认识有关，恐怕还存在着故意认知错误。行政治理实际上是沿用政府权力机构的“一把手”观念来治理公司，“一把手”被视作公司治理的核心，而董事长经常被作为“一把手”的不二人选，总经理则是董事长属下的“二把手”，甚至干脆由董事长直接兼任总经理，即使不兼任，总经理的目标也是“升任”董事长。这种“一把手”观念使得规范的公司治理变得扭曲，甚至成为董事长和总经理之间矛盾的根源。本来，独立董事是可以在一定程度上化解这种矛盾的，然而，由于独立董事缺乏资本市场的支撑，在客观上和主观上都难以做到独立。加之独立董事人数太少，公司设立独立董事只满足于证监会的1/3的要求(2014年，全部上市公司独立董事比例平均只有36.79%)，这更进一步加剧了独立董事的非独立性。加之，在国有企业(包括国有控股企业）中，董事长这个“一把手”又是政府任命的，因此，公司治理的行政化也就在所难免了。即使是在民营企业中，董事长“一人独大”也同样充斥着行政色彩，尽管这种行政色彩和政府的行政权力介入有一定的区别，但在“权力”行使上并没有根本性区别，公司治理本应具有的契约属性基本上不复存在。

近些年接连发生的公司腐败（如窝案）以及其中的官商勾结，在很大程度上其实就是董事会（董事长）和经理层（总经理）两个角色混同，以及企业负责人任免掌握在政府手中或与政府官员有瓜葛的必然结果，是畸形政商关系的具体表现。在这种畸形的关系中，本来的监督和授权关系变成了利益共同体关系。从这些腐败案中，我们不难发现，或者总经理和董事长合二为一，权力过大；或者在董事会中，经理层占据多数席位，而董事长也自认为是职业经理人。在这种情况下，董事长显然就不再是股东的代理人，而是演变为典型的追求自身利益的经理人。对政府，他们寻求租金；对投资者，他们制造信息不对称，侵害股东利益。尽管国企高管被政府作为“干部”来管理和监督，但由于信息不对称，内部人控制和企业资产流失仍普遍存在。

三、消除公司治理行政化，强化公司治理规范化

如何减少畸形的政商关系导致的官商勾结和高管腐败？高管腐败曝光后，人们往往归因于高管的贪婪和无耻。无疑，高管的贪婪是官商勾结和腐败的推动力。但事实上，个体的贪婪不是官商勾结和腐败的根本原因，真正引起官商勾结和腐败的原因是公司治理制度的缺陷，更进一步说，就是公司治理的官僚化或行政化。个体的贪婪只是经济人的本性，在面对丰厚利益时，贪婪永远是理性经济人的最优选择。真正使这些经济人偏离正轨、铤而走险的，是人们对预期非法利益与惩戒风险的权衡，而这种权衡最终取决于公司治理制度的完善与否。因此，要从根本上杜绝官商勾结和

腐败,最关键的是要完善公司治理制度,首先需要分清何者是治理主体,何者是治理客体。股东大会和董事会毫无疑问是治理主体,经理层则是治理客体,二者绝不能混同。其次要提高官商勾结和腐败行为被发现的概率,加大对官商勾结和腐败的惩罚力度,而这一点又是以治理主体和治理客体的区分作为前提的。

在市场化的企业中,对企业负责人的基本监督体制是法律监督和市场监督。法律监督的核心是强化公司治理,实现依法治企;市场监督的核心是健全市场体系,促进自我约束,而市场监督也是建立在法律基础上的。

以国企发展混合所有制为例。国企负责人可以分为政府董事(外部非独立董事)、独立董事、高管董事和非董事的高管。他们的来源不同,监督机制应有所不同。由于政府董事、独立董事、高管董事都是董事会成员,因此均应接受股东的监督和市场约束;对于高管董事和非董事的高管,则必须接受董事会的监督和市场约束。从规范的公司治理角度,必须强化以下制度和机制建设:

第一,要调动所有股东监督的积极性,以形成监督合力,防止大股东侵害和政府公权力介入。对此,一是实现股东权利平等,国有股东不应享有特权,对中小股东应该实行累积投票制,以保证他们参与公司决策的权利。二是大幅度降低股东行权成本,提高中小股东参与公司治理的动力。三是出台集体诉讼和索赔方面的法律,切实保护股东利益。四是实行股东满意度调查制度(类似于民调),如果董事会支持率低于80%,则应启动董事会解体程序。五是在公司控股形态上,尽可能采用国有相对控股,最终股权形态是竞争的结果。六是股东对董事要采取不同监督体制。对于政府董事,由于政府股东是代表公众的,同时考虑到公司经营的独立性,政府董事应设置为外部非执行董事(外部非独立董事),并借鉴公务员监督方式对政府董事进行监督;对于独立董事和高管董事,要通过对这些董事的市场(经理人市场)选择,以及满意度和惩罚等机制来实施强约束。

第二,要强化董事会对经营者的监督,并健全董事自我约束机制。对此,必须把董事会和经营层的职能区分开来,这有利于避免国有股东和政府干预企业经营问题。董事会中必须有较多独立董事,应不少于50%,否则独立董事难以发挥作用。独立董事必须是高度专业化的，而高度专业化的独立董事又来自高度职业化的经理人市场。要根据公司法，实行董事会独立选聘总经理(CEO)机制，并通过董事会备忘录制度使每个董事承担选错总经理的责任。

第三，应在厘清董事会职能的前提下，高度重视企业家的独立性和能动性，并建立企业家自我约束机制。高管董事和其他高管应来自经理人市场，应明确企业的企业家不应是董事长，而是总经理。董事会(包括董事长)负责监督，但监督不是干预，要充分发挥总经理的能动性，为此必须给予其独立性，包括赋予独立权力和独立承担责任，以实现企业家的自我约束。市场化选择是高能力企业家(总经理)产生的重要机制。高能力企业家有两个要素：一是能力，二是忠诚。这样的企业家是在激烈的市场竞争中涌现出来的，靠政府的“独具慧眼”是选不出来的，也是不合法的。必须建立职业化的经理人市场，市场的惩戒机制能够对现任经理人产生强激励和强约束，从而造就和涌现更多的高能力企业家。市场选聘的总经理不再具有行政级别，成功的民营企业家也可以做国有控股的混合所有制企业的总经理。要以贡献(企业价值或股东回报)来对企业家进行考核，市场选择和淘汰是重要的考核机制。

第四，要“分层”确定负责人激励方式，以实现国企负责人的自我约束。对于政府董事(外部非独立董事)，应实行“公务员基准＋贡献＋行政级别”的激励机制，薪酬待遇可以略高于同级公务员的薪酬待遇；对于独立董事，应采用国际通行做法，即车马费加少部分津贴，应通过经理人市场，建立独立董事声誉机制，强调薪酬机制是不利于独立董事的独立的。对于高管董事和非董事的高管，应实行市场化薪酬，但前提是由董事会独立从经理人市场选聘。在经理人市场上，高能力的企业家应有高价格，这是建立企业家自我约束机制的重要方面。

第五，严格信息公开。充分的信息披露对于防止代理人的违规行为(如内部人控制、国资和民资流失、内幕交易等)，以及形成企业家的均衡价格，都具有重要意义。因此，应确保及时准确地披露公司所有重要事务的信息，包括财务状况、绩效、所有权结构和公司治理。不能只满足强制性信息披露，更要高度重视自愿性信息披露，这在中国尤为重要，根据笔者在《中国上市公司自愿性信息披露指数报告2014》中提供的数据，中国的自愿性信息披露对于投资者理性投资的需求具有很高的信息含量。

总之，要依法治企，消除公司治理行政化，实现公司治理规范化，建立企业各行为主体的外部监督与自我约束有机契合的机制，要使每个行为主体能够对自己的行为独立承担责任，这是防止官商勾结和腐败的重要制度保障。

最后，非常感谢东方出版中心的鼎力支持，感谢祝新刚先生和鲁培康先生，他们是这套丛书的积极推动者。希望在中国出版集团以及东方出版中心的支持下，使这套丛书能够延续下去，成为公司治理和国企改革研究的品牌产品。

高明华

2015年10月29日

目 录

总 序 …… 1

前 言 …… 1

第1编 国有企业公司治理指引

第1章 公益性国有企业公司治理指引 …… 3

1.1 公益性国有企业的性质 …… 3

1.2 所有者权益保护 …… 3

1.3 董事会治理 …… 4

1.4 财务治理与信息披露 …… 5

1.5 高层管理者激励与评价 …… 6

1.6 社会责任 …… 6

1.7 法律与政府监管 …… 7

第2章 自然垄断性国有企业公司治理指引 …… 9

2.1 自然垄断性国有企业的性质 …… 9

2.2 所有者权益保护 …… 9

2.3 董事会治理 …… 10

2.4 财务治理与信息披露 …… 12

2.5 高层管理者激励与评价 …… 12

2.6 社会责任 …… 13

2.7 法律与政府监管 …… 14

第 3 章　稀缺资源垄断性国有企业公司治理指引 …… 15
3.1　稀缺资源垄断性国有企业的性质 …… 15
3.2　所有者权益保护 …… 15
3.3　董事会治理 …… 16
3.4　财务治理与信息披露 …… 18
3.5　高层管理者激励与评价 …… 19
3.6　社会责任 …… 19
3.7　法律与政府监管 …… 20
第 4 章　竞争性国有企业公司治理指引 …… 22
4.1　竞争性国有企业的性质 …… 22
4.2　利益相关者权益保护 …… 22
4.3　董事会治理 …… 24
4.4　财务治理与信息披露 …… 25
4.5　高层管理者激励与评价 …… 26
4.6　社会责任 …… 26
4.7　法律与政府监管 …… 27

第 2 编　国有企业公司治理指引注释

第 1 章　公益性国有企业公司治理指引注释 …… 31
1.1　公益性国有企业的性质 …… 31
1.2　所有者权益保护 …… 33
1.3　董事会治理 …… 36
1.4　财务治理与信息披露 …… 40
1.5　高层管理者激励与评价 …… 43
1.6　社会责任 …… 45
1.7　法律与政府监管 …… 47

第 2 章　自然垄断性国有企业公司治理指引注释 …… 51
2.1　自然垄断性国有企业的性质 …… 51
2.2　所有者权益保护 …… 52
2.3　董事会治理 …… 56
2.4　财务治理与信息披露 …… 61
2.5　高层管理者激励与评价 …… 64
2.6　社会责任 …… 66
2.7　法律与政府监管 …… 68
第 3 章　稀缺资源垄断性国有企业公司治理指引注释 …… 72
3.1　稀缺资源垄断性国有企业的性质 …… 72
3.2　所有者权益保护 …… 73
3.3　董事会治理 …… 77
3.4　财务治理与信息披露 …… 82
3.5　高层管理者激励与评价 …… 85
3.6　社会责任 …… 87
3.7　法律与政府监管 …… 89
第 4 章　竞争性国有企业公司治理指引注释 …… 94
4.1　竞争性国有企业的性质 …… 94
4.2　利益相关者权益保护 …… 96
4.3　董事会治理 …… 100
4.4　财务治理与信息披露 …… 106
4.5　高层管理者激励与评价 …… 108
4.6　社会责任 …… 110
4.7　法律与政府监管 …… 113

附：高明华国资国企改革评论

国有经济战略性调整应坚持的基本思路 …… 119
论国有企业分类改革和分类治理 …… 125

国有企业分类改革必须对应国资分类监管 …………………………… 134
国有企业推进混合所有制的关键问题 ………………………………… 140
七大领域放开应采取不同方式 ………………………………………… 146
独立董事之“怪相” ……………………………………………………… 151
发展混合所有制经济,关键是要装“新酒”…………………………… 155
规范国企负责人薪酬的路径选择 ……………………………………… 161
混合所有制董事会选聘机制调适 ……………………………………… 168
平权是混改的制度基石 ………………………………………………… 174
“混改”背景下的职业经理人建设 ……………………………………… 178
国有企业负责人监督体系再解构:分类与分层 ……………………… 183

后记 ……………………………………………………………………… 201

前 言

《中国国有企业公司治理分类指引》(以下简称《指引》)是国内首份不同类型国有企业公司治理指引,该《指引》研究和编制的起因是2001年我主持的一项教育部人文社会科学"十五"规划项目"中国不同类型企业治理效率影响因素比较及政策含义"。当时我意识到,中国国有企业与其他国家尤其是发达国家的国有企业有很大不同,规模大、布局广、功能多,甚至同一企业存在互相冲突的多种功能,造成治理和监管上的很大难度。

2007年,我又主持承担了北京市国资委重点课题"国有企业在北京市社会经济发展中的地位和作用"。在对北京市国有企业的调研中,我深切感受到国有企业的复杂性。基于当时北京市国有企业的实际,我们按行业特征把北京市国有企业划分为公益性国有企业、垄断性国有企业和竞争性国有企业。由于现实中一些垄断企业也处于竞争性领域,所以为了更客观地评价国有企业的作用,我们把垄断性国有企业进一步分为自然垄断性国有企业和垄断经营性国有企业。对垄断企业的这种划分,是因为两种垄断企业的功能和产生基础不同,自然垄断性企业是行业特性的必然要求,而垄断经营性企业更多的是由于人为和历史因素所造成的,自然垄断性企业更多地依靠政府的规制,而对垄断经营性企业而言,则需要政府尽可能消除垄断。这样就有了四类国有企业,即公益性国有企业、自然垄断性国有企业、垄断经营性国有企业和竞争性国有企业。

此后,围绕国有企业改革和公司治理,我们发表和出版了大量成果,对国有企业分类改革和分类治理的认识也不断深化。2012年,我同时主持了两项重要课题,一是英国(中国)战略繁荣基金(SPF)项目(国际合作项目)

"The reform of China's SOEs in view of corporate governance regulation"("基于公司治理规范的中国国有企业改革");二是国家社科基金重点项目"深入推进国有经济战略性调整研究——基于国有企业分类改革的视角"。在两个项目的支持下,我们深入中央国有企业和地方国有企业进行调研,获得了大量第一手资料。尤其重要的是,我们深刻感受到中国国有企业分类改革和分类治理的必要性和紧迫性。

2013年9月28日,我们主持召开了"国有企业公司治理研讨会",本次会议发布了我们基于上述两个项目的最新研究成果《国有企业分类改革和分类治理调研报告》,该调研报告较系统地提出了国有企业分类改革和治理的思路和方向。在该调研报告中,我们将国有企业进一步归纳为三大类四个细分类,即公益性国有企业、合理垄断性国有企业(又分为自然垄断性国有企业和稀缺资源垄断性国有企业)和竞争性国有企业。

需要特别指出的是,现实中可能有这样一种情况,即一些竞争性企业由于自身的强大竞争力而成为行业中的支配性厂商,这种企业尽管具有较强甚至很强的垄断势力,但由于行业进入不像前两类那样受到政府管制,消费者也可以通过不消费或少消费来制约企业,因此该类企业应归为竞争性企业类型。

不过,在中国,又确实有一些本应是竞争性企业,却因政府赋予的特别政策或特别资源(其实质是行政垄断)而成为垄断性国有企业(不包括自然垄断性国有企业和稀缺资源垄断性国有企业,如电信服务),这些企业按其属性看也应该归为竞争性企业,政府应该放弃对这些企业的特殊政策或特殊资源的支持,从而使其成为名副其实的竞争性企业。

在我们的调研中,有些企业高管认为他们的企业很难纳入以上四种类型中。其实,这不是我们的分类不科学或不完整,而是说明现实中的一些国有企业走偏了方向。比如,一些国有企业同时拥有互相矛盾的功能,既有盈利功能,又有公益功能,结果造成利益输送,产生腐败。如以公益之名寻求政府财政补贴,同时又以企业盈利之名寻求企业尤其是高管自身的高回报或高薪酬,进而背离企业的公益属性。对此,应当纠偏使其回到合理的轨道上来。

2013年11月，党的十八届三中全会通过《中共中央关于全面深化改革若干重大问题的决定》(以下简称《决定》)，提出了国有企业的三种类型，分别是公益性国有企业、自然垄断性国有企业和竞争性国有企业。显然，这种分类与我们之前提出的国有企业类型高度一致，只是缺少了稀缺资源垄断性国有企业。

稀缺资源主要指不可再生的矿产资源。稀缺资源开发之所以必须由国有企业垄断经营，其原因在于这种资源的稀缺性或不可再生性。由于不可再生，所以需要防止过度消费和过度开发，以保证经济和社会的可持续发展和生态环境平衡。防止过度消费，需要考虑以供求关系确定价格；而以供求确定价格则意味着盈利，为防止企业因追求盈利而过度开发，还必须同时实施高额资源税政策。

需要说明的一点是，对于公益性国有企业，我们经历了认识上的否定之否定的过程(从本书附录可以看出这一点)。开始，我们把公益性国有企业视为独立的一类，后来把它归入合理垄断性国有企业这个大类，因为它和政府垄断有很多相近之处。但在本书稿即将成书之时，我们又放弃了这种认识，又重新把它视为独立的一类国有企业。原因在于，对于公益领域，民营企业不会进入，不需要政府设置政策壁垒来限制民营企业进入。这和自然垄断性国有企业和稀缺资源垄断性国有企业不同，这两类企业因拥有特殊资源，只要政府不设政策壁垒，民营企业肯定会进入，而民营企业一旦进入，势必要追求最大化利润，从而必然会损害公众利益。

不过需要注意的是，对于公益性领域，政府必须给予明确定位，即不能谋求盈利。否则，某些公益产品也可能成为牟利的工具，如公共卫生保健、公共交通等，最终也会造成公众利益受到损害。

以上关于国有企业三大类四个细分类的划分，这种划分的技术标准清晰，功能纯粹，有利于制定分类治理和分类监管的相关制度和政策，有助于对不同类型国有企业的绩效进行监管和考核，也有助于产业结构的调整和优化，更有助于确立不同类型国有企业的改革方向。四个细分类型国有企业的功能目标参见表1。

表 1　国有企业类型及目标

<table>
<tr><th colspan="2">类　　型</th><th>目　　标</th><th>举　　例</th></tr>
<tr><td colspan="2">公益性国有企业</td><td>这类企业不以盈利为目的，其作用是直接提供公共服务，以社会和谐和稳定为唯一目标</td><td>公交、地铁、环卫、国防设施、公共卫生保健等</td></tr>
<tr><td rowspan="2">合理垄断性国有企业</td><td>自然垄断性国有企业</td><td>这类企业应不赔不赚，通过收支平衡来保证公众福利的极大化</td><td>输电、管道燃气、自来水、水利基础设施建设等</td></tr>
<tr><td>稀缺资源垄断性国有企业</td><td>这类企业通过资源供求和价格机制来保证资源的有效利用；通过高额资源税避免过度开发，以利于经济社会的可持续发展和生态环境保护</td><td>不可再生的矿产资源开采等</td></tr>
<tr><td colspan="2">竞争性国有企业</td><td>这类企业以追求利润最大化为其首要目标，没有任何强制性社会公共目标，但鼓励其履行非义务性社会责任</td><td>电信、汽车、电子、钢铁、装备制造、新型建材、医药、金融、建筑、房地产、租赁、流通、旅游、文化等</td></tr>
</table>

表 1 反映了国有企业在现阶段具有双重目标：一方面它是国民经济发展的重要力量，与民营企业一样，它有很强的盈利性，但这种盈利性必须立足于公平竞争的基础上，这类目标主要通过竞争性国有企业来实现；另一方面，也是更重要的，国有企业是公共产品或服务的提供者，担负着调控宏观经济、为公众提供服务、推动和谐社会进程的历史使命，这类目标主要通过公益性国有企业和合理垄断性国有企业来实现。

国有企业分类是深化国有企业改革的首要问题，也是党的十八届三中全会明确提出的问题，亦是研究和编制《中国国有企业公司治理指引》的前提。在现阶段，国有企业有多种功能，而不同功能往往同存于一个企业中。由于不同功能的交叉存在容易产生利益输送和腐败问题，因此一家国有企业的功能只能单一化或纯粹化。由此，国有企业分类改革、分类治理、分类监管就势所必然。

党的十八届三中全会之后，各地纷纷出台国有企业改革方案，而国有企业分类成为首要问题。有些地区提出如下三种类型，即城市公共服务类国有企业、特殊功能类国有企业和竞争性国有企业（如北京、上海等）。我们认为，这种划分比较模糊，相互之间有交叉。比如城市公共服务类国有企业可以有三种：一是公益性的，以财政支持为主，如公共交通、环卫、园林等；二是自然垄断性的，收支平衡，略有微利，基本不需财政补贴，如管道燃气、自来水等；三是竞争性的，如出租车、房屋修缮等，这种竞争性的城市公共服务企业有很多已经民营化，或允许民营企业进入。至于特殊功能类的划分，则主观性很强，而且会随着社会经济的发展而不同。更重要的是，这些特殊功能的国有企业也可以是竞争性的，这既包括国有企业与国有企业的竞争，也包括国有企业与民营企业的竞争（因为民营企业也可以承担这些特殊功能）。其实，城市公共服务类国有企业也是具有特殊功能的，即公共服务。显然，这种划分缺乏技术或客观标准，同类国有企业功能多样而不纯粹，不利于国有企业分类后的分类治理和分类监管制度的建立。

党的十八届三中全会《决定》指出，要“准确界定不同国有企业功能”，“健全协调运转、有效制衡的公司法人治理结构。建立职业经理人制度，更好发挥企业家作用……建立长效激励约束机制，强化国有企业经营投资责任追究。探索推进国有企业财务预算等重大信息公开”，“国有企业要合理增加市场化选聘比例，合理确定并严格规范国有企业管理人员薪酬水平、职务待遇、职务消费、业务消费”。这为国有企业改革指明了总体发展方向。

但是，不同类型国有企业的发展方向应该是不同的，因为不同类型的国有企业的功能不同。功能不同，公司治理机制也应不同，而 30 多年的国有企业改革，公司治理并没有“因类而异”。

2004 年，经济合作与发展组织（OECD）出台《OECD 国有企业公司治理指引》，但由于该《指引》是以 OECD 国家为背景的，而 OECD 国家的国有企业类型比较单一，即以公益性国有企业和自然垄断性国有企业为主，因此，该《指引》对于中国国有企业公司治理的指导意义有限。2013 年 9 月，OECD 召集部分中国国有企业领导人和学术界专家在北京召开“《OECD 国有企业公司治理指引》修订研讨会”，OECD 官员认为，中国国有企业比较复杂，而西方发达国家国有企业总体规模小，类型单一，在《OECD 国有企业公司治理指引》中考虑国有企业的不同类型可能很难实现。

这意味着，制订符合中国国情的《中国国有企业公司治理分类指引》很有必要。2014年11月，党的十八届四中全会通过《中共中央关于全面推进依法治国若干重大问题的决定》，依法治国落实到企业，便是依法治企，而公司治理便是依法治企的具体体现。

根据党的十八届三中全会关于国有企业改革的精神和十八届四中全会关于依法治国的基本理念，我们研究和编制了《中国国有企业公司治理指引》。该《指引》立足于中国实际，基于不同类型国有企业的不同职能，参考国际先进的公司治理规范，分类拟定了国有企业公司治理指引。该《指引》的拟定，旨在对中国国有企业公司治理的规范化发挥引导作用，进而促进国有企业深化改革，不断增强国有企业的控制力、影响力和活力。

该《指引》编制完成后，于2014年4月2日召开了“国有企业分类改革与治理研讨会暨《中国国有企业公司治理指引》发布会”，与会专家学者和企业家对《指引》给予高度评价，认为该《指引》作为国内首份不同类型的国有企业公司治理指引，是一项十分有意义的探索，是高校智库对国家的重要贡献，可以为政府决策部门提供参考。中央电视台财经频道于2014年4月3日报道了该《指引》的发布。

2014年8月，我申报的国家社科基金重大项目“发展混合所有制经济研究”获批。根据专家和企业家的意见，同时考虑混合所有制的规范化发展，我们对《指引》进行了修改和扩充。本书就是修改后的版本。

最后还要说明一点，书末附录了我近两年关于国有企业改革的12篇评论，带有数理模型或数据分析的、篇幅较长的文章没有附录。一方面，这12篇文章尽管篇幅较短(只有一篇较长)，但反映了我在国有企业改革重要方面的思考和认识上的不断深化；另一方面，这些思考和认识也是我们编制《中国国有企业公司治理分类指引》的基础。故附在本书后供读者参考。

高明华

2015年4月

第 1 编

国有企业公司治理指引

第1章　公益性国有企业公司治理指引

1.1　公益性国有企业的性质

公益性国有企业以提供公共产品和公共服务为宗旨，应该定位为特殊法人，独立核算但不负盈亏，由国家财政来支撑其运行。

(1) 公益性国有企业不以盈利为目的，其作用是直接提供公共产品和服务，以社会和谐和稳定为唯一目标。

(2) 公益性国有企业应该定位为特殊法人，依照专门法律设立，受专门法律调整，不做商事登记，其具体组织机构也由特别法规定。

(3) 作为特殊法人，公益性国有企业独立核算但不负盈亏，其运行由国家财政来支撑和负担。

(4) 公益性国有企业的产品或服务或者免费提供，或者在征求公众意见的基础上由政府依法决定，企业没有定价权。

1.2　所有者权益保护

国家和公益性国有企业应该承认社会公众作为所有者的权利，确保社会公众得到公平对待，并平等获得企业信息，且承认其对社会公众的责任，报告其与社会公众的关系，给公众参与决策提供各种便利，树立服务于公众的正确理念。

(1) 公益性国有企业应该确保作为所有者的社会公众得到公平对待,不应存在群体间的歧视。

(2) 公益性国有企业应该对社会公众高度透明,使公众对公共产品和公共服务能够完全认知。

(3) 公益性国有企业应该保证社会公众享有消费公共产品和公共服务的权利。

(4) 公益性国有企业应该制定与社会公众进行交流和征求意见的积极政策,并多方面听取和吸纳公众意见,对公众意见和诉求及时做出回应。

(5) 公益性国有企业应该为社会公众参与重大决策(如重大投资、预算制定、成本控制等)提供便利,确保他们参与决策的权利。

(6) 公益性国有企业应该明确其公益目标,并让社会公众知晓该目标,充分报告企业与社会公众的关系。

(7) 公益性国有企业党委会应该制定、实施和传达符合规程的内部道德准则,引导企业始终保持正确的发展方向,树立服务于公众的正确理念。

1.3 董事会治理

公益性国有企业董事会应由政府基于公益目标而向社会公开选聘,并享有一定的独立性。董事会中应有足够数量的、具有独立判断能力的、关心公众利益的独立董事。董事会本着对公众利益负责的态度,定期向公众发布董事会报告,并接受公众质询,对公众意见及时做出回应。董事会应该有规范的、具有法律效力的董事会议事规则。董事会中的非高管董事的薪酬应分类确定。

(1) 公益性国有企业应当建立董事会并享有一定的独立性。

(2) 公益性国有企业董事成员由政府监管机构向社会公开招聘并进行委派和考核,考核标准是公益目标的实现,以及成本控制和安全保障情况。

(3) 公益性国有企业董事会中应有足够数量的、具有相关行业和业务知识以及独立判断能力的、关心公众利益的独立董事。

(4) 公益性国有企业董事会应设立与公益目标相关的专门委员会，如成本控制委员会、安全控制委员会等，专门委员会中独立董事占多数并由独立董事担任召集人。

(5) 公益性国有企业董事会接受公众委托，对公众利益负责。

(6) 公益性国有企业董事会根据政府制定的公益目标，履行战略制定和监督管理层的职能。

(7) 公益性国有企业应明确董事会与党委会的关系，二者职责要明晰，并披露交叉任职和分工情况。

(8) 公益性国有企业董事会应定期向监管机构提交董事会报告，并向公众公布。

(9) 公益性国有企业董事会应定期、不定期地接受公众的质询和建议，对公众意见和诉求要及时做出回应。

(10) 公益性国有企业董事会应建立规范的、具有法律效力的董事会议事规则，定期召开董事会会议并建立董事会备忘录制度。

(11) 公益性国有企业董事会中的非高管董事的薪酬应分类确定，政府董事应设为外部董事，其薪酬应参照对应的公务员标准确定；独立董事不享受薪酬待遇，其在任职企业获取的收入主要是车马费和少量津贴，以保证其独立性。

1.4　财务治理与信息披露

公益性国有企业应建立规范的财务治理制度，严格成本控制，确保财政投入的合理配置和有效使用，加强政府和社会审计，提升信息披露透明度，强化公众对企业财务治理的参与和监督，保证财政资金真正地服务于公众。

(1) 公益性国有企业应确保财务治理的规范性，着重加强财务控制建设，以保证财政资金的有效和合理使用。

(2) 公益性国有企业应加强成本控制，确保财政资金的科学配置，避免出现软约束尤其是人为虚增成本的现象。

(3) 应加强政府和社会审计在公益性国有企业中的监督职能，并强化公众在社会审计中的参与度。

(4) 公益性国有企业应强化信息披露，实施高度透明的信息披露制度，以提高社会公众参与监督的力度。

(5) 公益性国有企业必须树立服务于社会公众的财务治理理念，保证财政资金真正用于满足公众需要。

1.5 高层管理者激励与评价

公益性国有企业的高层管理者是董事会决策的执行者。高层管理者的激励不是来自利润多少，而是来自政治地位的提升。高层管理者的薪酬应该等同公务员待遇，其贡献应以成本控制水平和公众满意度作为评价标准。高层管理者要不断强化对公众的责任意识。

(1) 公益性国有企业高层管理者应由政府部门委派，具有相应的行政级别，可以竞争上岗。

(2) 对公益性国有企业高层管理者贡献的评价应以成本控制水平和公众满意度作为主要标准。

(3) 公益性国有企业高层管理者的激励不是来自薪酬，而是根据其贡献获得行政职务升迁或级别提高，即政治地位的提升。

(4) 公益性国有企业高层管理者的薪酬待遇应与同等级别的公务员保持一致，并根据其贡献体现一定的差别。

(5) 公益性国有企业高层管理者应定期或不定期接受董事会和公众的质询，以强化其对公众的责任意识。

1.6 社 会 责 任

公益性国有企业存在的目的就是履行社会责任，而且这种社会责任是强制性责任，不以企业自身意愿为转移。企业应向公众提供安全可靠的公共产品和公共服务，并及时提交社会责任报告，以接受公众监督和质询。

(1) 公益性国有企业的目标是尽最大努力维护社会稳定和和谐，履行社会责任是企业存在的唯一目的。

(2) 公益性国有企业应平等地为社会公众提供公共产品和公共服务，其提供公共产品和公共服务的行为不是自愿性的，而是强制性的。

(3) 公益性国有企业提供公共产品和公共服务原则上应该免费，如果收费，应该由具有充分代表性的公众来参与决策。

(4) 公益性国有企业应为公众提供高质量的公共产品和公共服务，不能以任何理由提供低劣产品和服务。

(5) 公益性国有企业应向公众及时提供社会责任报告，自觉接受公众监督，随时接受公众质询。

1.7　法律与政府监管

公益性国有企业作为特殊法人应有专门的法律和监管制度，并有专门机构对其进行监管。法律应明确企业所有权属于公众，要赋予公众享有企业的决策权和监督权，并明确公众参与决策的范围和机制；政府应对企业的成本和必要的收费进行监管，并对可能的腐败和合谋侵害公众利益的行为制定切实的惩治措施。

(1) 公益性国有企业应由国家通过专门的法规和政策来规范，以特殊法人的形式经营；政府应出台相应的监管制度，以保证企业行为的规范性。

(2) 公益性国有企业应该有法定的政府监管机构，代表公众对企业进行监管，法律应明确政府监管机构的权力范围和责任。

(3) 法律应明确公益性国有企业的所有权属于公众，服务对象也是公众，要赋予公众享有对企业的决策权和监督权，要明确公众参与决策的范围和机制。

(4) 政府应对公益性国有企业的成本进行监管；如果公众需付费消费

公共产品和公共服务,政府应对收费进行监控,防止企业虚增成本或通过其他方式牟取不当利益;政府应建立企业不当收益归国家的机制。

(5) 法律应能够有效处理公益性国有企业可能发生的腐败问题,应明确企业高层管理者因腐败所需承担的法律责任。

(6) 法律应能够有效处理监管机构与企业合谋侵害公众利益的行为,应明确监管机构和企业因合谋侵害公众利益而各自承担的法律责任。

第 2 章　自然垄断性国有企业公司治理指引

2.1　自然垄断性国有企业的性质

自然垄断性国有企业以提供准公共产品为宗旨,其最大特征是规模经济性和成本递减性,应以收支平衡为基本经营原则,以满足公众的最大化基本需求。

(1) 自然垄断性国有企业不以盈利为目的,其作用是提供准公共产品和准公共服务,以满足公众的基本生活需求,实现社会的和谐和稳定。

(2) 自然垄断性国有企业应设置为国有独资企业,不应推动股权多元化和在资本市场上市经营,以保证企业不因追求盈利而损害公众利益。

(3) 自然垄断性国有企业的产品和服务应由政府定价,基于规模经济性和成本递减性,企业应以平均成本定价,即企业以盈亏平衡作为经营原则。

2.2　所有者权益保护

国家和自然垄断性国有企业应该承认社会公众作为所有者的权利;确保他们得到公平对待并平等获得企业信息;承认其对社会公众的责任,报告其与社会公众的关系,给公众参与决策提供各种便利,树立服务于公众的理念;如果追求一定的经济目标,应该说明其对公众福利的影响,并得到公众的认可和理解。

(1) 自然垄断性国有企业应该确保作为所有者的社会公众得到平等对待。如果对不同群体存在不同待遇(如对不同消费者存在价格差异),应该告知理由并得到消费者理解。

(2) 自然垄断性国有企业应该对社会公众高度透明,使公众对企业提供的准公共产品和准公共服务能够完全认知。

(3) 自然垄断性国有企业应该保证社会公众享有消费准公共产品和准公共服务的权利,不能人为地施以限制。

(4) 自然垄断性国有企业应该制定与社会公众进行交流和征求意见的积极政策,并多方面听取和吸纳公众意见,对公众意见和诉求及时做出回应。

(5) 自然垄断性国有企业应该为社会公众参与重大决策(如重大投资、预算制定、成本控制等)提供便利,确保其参与决策的权利,以保证公众对重大决策能够充分理解。

(6) 自然垄断性国有企业应该明确其社会公共目标,并让社会公众知晓该目标,充分报告企业与社会公众的关系。

(7) 自然垄断性国有企业不存在经济目标,如果追求一定的经济目标,应该说明该目标对公众福利的影响,并得到公众的认可和理解。

(8) 自然垄断性国有企业党委会应该制定、实施和传达符合规程的内部道德准则,引导企业始终保持正确的发展方向,树立服务于公众的正确理念。

2.3 董事会治理

自然垄断性国有企业董事会应由政府基于公共政策目标而向社会公开选聘,并尊重其独立性。董事会中应有足够数量的、具有独立判断能力和相关行业知识的、关心公众利益的独立董事。董事会应该对企业可能存在的经济目标对公众的影响做出评估并反馈给公众。董事会本着对公众利益负责的态度，定期向公众发布董事会报告，并接受公众质询，对公众意见及时做出回应。董事会应该有规范的、具有法律效力的董事会议事规则；董事会中的非高管董事的薪酬应分类确定。

(1) 自然垄断性国有企业应当建立董事会并尊重其独立性，但政府作为公众利益代表对董事会有监督权，应该对监督权的范围做出界定。

(2) 自然垄断性国有企业董事成员由政府监管机构向社会公开招聘并进行委派和考核，考核标准是公众利益诉求落实，以及成本控制和安全保障情况。

(3) 自然垄断性国有企业董事会中应有足够数量的、具有行业和相关业务知识的、具备独立判断能力的、关心公众利益的独立董事。

(4) 自然垄断性国有企业董事会应设立与公共政策目标相关的专门委员会，如审计委员会、成本控制委员会、风险管理委员会、安全控制委员会等，专门委员会中独立董事占多数并由独立董事担任召集人。

(5) 自然垄断性国有企业董事会接受公众委托，对公众利益负责。

(6) 自然垄断性国有企业董事会根据政府制定的公共政策目标，履行战略制定和监督管理层的职能。如果赋予一定的经济目标，董事会必须制定独立的评价体系，评估其对公众利益的影响并及时向公众反馈。

(7) 自然垄断性国有企业应明确董事会与党委会的关系，二者职责要明晰，并披露交叉任职和分工情况。

(8) 自然垄断性国有企业董事会应定期向监管机构提交董事会报告，并向公众公布。

(9) 自然垄断性国有企业董事会应定期、不定期地接受公众的质询和建议，对公众意见和诉求要及时做出回应。

(10) 自然垄断性国有企业董事会应建立规范的、具有法律效力的董事会议事规则，定期召开董事会会议并建立董事会备忘录制度。

(11) 自然垄断性国有企业董事会中的非高管董事的薪酬应分类确定，政府董事应设为外部董事，其薪酬应参照对应的公务员标准确定；独立董事不享受薪酬待遇，其在任职企业获取的收入主要是车马费和少量津贴，以保证其独立性。

2.4　财务治理与信息披露

自然垄断性国有企业应明确财权配置，加强财务控制；应强化信息透明，尤其要详细披露成本构成，说明盈亏原因以及盈利分配和弥补亏损方案，防止企业借垄断地位牟取不当利益；应强化政府、社会审计和公众对企业财务治理的监督力度，保证国有资产有效配置，努力实现盈亏平衡，保证国有资产投资真正地服务于公众。

(1) 自然垄断性国有企业应强化和明确财权配置，防止企业借垄断地位牟取不当利益或侵害公众利益。

(2) 自然垄断性国有企业应加强财务控制，应强制性披露盈亏明细和资产占用明细，以保证国有资产的有效配置，尽可能实现盈亏平衡。

(3) 自然垄断性国有企业应详细披露企业的成本构成，并做出充分说明。

(4) 自然垄断性国有企业如果获得盈利，应详细说明盈利原因和分配方案；如果亏损，应详细说明亏损原因和弥补亏损方案。

(5) 自然垄断性国有企业在寻求政府财政补贴时，应披露企业合理成本控制前提下的财政补贴方案。

(6) 应加强政府和社会审计在自然垄断性国有企业中的监督职能，并强化公众在社会审计中的参与度。

(7) 自然垄断性国有企业应实施高度透明的信息披露制度，以提高社会公众参与监督的力度。

2.5　高层管理者激励与评价

自然垄断性国有企业的高层管理者是董事会决策的执行者。高层管理者的激励不是来自利润多少，而是来自政治地位的提升。高层管理者的薪酬应该等同公务员待遇,其贡献应以成本控制水平和公众满意度作为评价标准。高层管理者要不断强化对公众的责任意识。

(1) 自然垄断性国有企业高层管理者应由政府部门委派,具有相应的行政级别,可以竞争上岗。

(2) 对自然垄断性国有企业高层管理者贡献的评价应主要以成本控制水平和公众满意度作为评价标准,

(3) 自然垄断性国有企业高层管理者的激励不是来自薪酬,而是根据其贡献获得行政职务升迁或级别提高,即政治地位的提升。

(4) 自然垄断性国有企业高层管理者的薪酬待遇应与同等级别的公务员保持一致,并根据其贡献体现一定的差别。

(5) 自然垄断性国有企业高层管理者应定期、不定期接受董事会和公众的质询,以强化其对公众的责任意识。

2.6 社会责任

自然垄断性国有企业的主要目标是提供准公共产品和服务,以满足公众基本需求,保证社会有序和健康发展。其提供准公共产品和服务的行为是强制性责任,不以企业自身意愿为转移。企业应向公众提供高质量的、安全可靠的准公共产品和服务,并及时提交社会责任报告,以接受公众监督和质询。

(1) 自然垄断性国有企业的主要目标是满足公众基本需求,保证社会有序和健康发展。

(2) 自然垄断性国有企业应平等地为社会公众提供准公共产品和服务,其提供准公共产品和服务的行为不是自愿性的,而是强制性的。

(3) 自然垄断性国有企业不以盈利为目的,应以盈亏平衡作为定价策略,保证企业在不亏损的条件下,实现公众福利的最大化。

(4) 自然垄断性国有企业应为公众提供高质量的准公共产品和准公共服务,不能以任何理由提供低劣产品和服务。

(5) 自然垄断性国有企业应及时向公众提供完整的社会责任报告,自觉接受公众监督,随时接受公众质询。

2.7 法律与政府监管

自然垄断性国有企业应有专门的法律和监管制度,并有专门机构对其进行监管;法律应明确企业所有权属于公众,要赋予公众享有企业的监督权和决策权,并明确公众参与决策的范围和机制;政府应对企业的成本和价格进行监管,并对可能的腐败和合谋侵害公众利益的行为制定切实的惩治措施。

(1) 自然垄断性国有企业应有专门的法律和政府监管制度,以保证企业行为的规范性。

(2) 自然垄断性国有企业应有专门的政府监管机构,代表公众对企业进行监管,法律应明确政府监管机构的权力范围和责任。

(3) 法律应明确自然垄断性国有企业的所有权属于公众,服务对象也是公众,要赋予公众享有企业的决策权和监督权,并明确公众参与企业决策的范围和机制。

(4) 政府应对自然垄断性国有企业的成本和定价进行监管,防止企业虚增成本、提高价格或通过其他方式牟取不当利益,政府应建立企业不当收益归国家的机制。

(5) 法律应明确自然垄断性国有企业高层管理者应承担的责任和义务,能够有效处理企业可能发生的腐败问题,清晰界定企业高层管理者因腐败所需承担的法律责任。

(6) 法律应能够有效处理政府监管机构与企业合谋侵害公众利益的行为,应明确监管机构和企业因合谋侵害公众利益而各自承担的法律责任。

第3章　稀缺资源垄断性国有企业公司治理指引

3.1　稀缺资源垄断性国有企业的性质

稀缺资源是指国内不可再生的自然资源，这种不可再生性决定了必须防止过度开发和过度消费，以保证稀缺资源利用的可持续和优良的生态环境。

(1) 稀缺资源垄断性国有企业不以盈利为目的，其作用是通过对稀缺资源有节制的开发和利用，保证经济社会的可持续发展，保护生态环境，维护国家安全。

(2) 稀缺资源垄断性国有企业应设置为国有独资企业，不应推动股权多元化和在资本市场上市经营，以保证企业不因追求盈利而过度开发稀缺资源。

(3) 稀缺资源垄断性国有企业的产品定价应由市场决定，以防止稀缺资源的消费过度；但另一方面，必须对国内稀缺资源开发征收高额资源税，以防止企业过度追求盈利。

3.2　所有者权益保护

国家和稀缺资源垄断性国有企业应该承认社会公众作为所有者的权利；确保他们得到公平对待并平等获得企业信息；承认其对社会公众、经济社会可持续发展和资源生态保护的责任,提供公众参与决策的各种便利;国家必须对该类企业征收较高的资源税并用之于社会公众,同时避免企业过度开采稀缺资源。

(1) 稀缺资源垄断性国有企业应该确保作为所有者的社会公众的长远利益,要充分认识到与社会公众关系的重要性。政府不能为了地方利益而损害公众利益。

(2) 稀缺资源垄断性国有企业的产品应该根据供求确定价格,以防止对稀缺资源的过度消费。但另一方面,为防止企业因市场定价从而获取高额利润而过度开发稀缺资源,国家必须征收较高的资源税,并通过财政将税收用之于社会公众。

(3) 稀缺资源垄断性国有企业应该制定与社会公众进行交流和征求意见的积极政策,并多方面听取和吸纳公众意见,对公众意见和诉求及时做出回应。

(4) 稀缺资源垄断性国有企业应该为社会公众参与重大决策(如涉及经济社会可持续发展和生态环境保护的重大决策)提供便利,确保其参与决策的权利,以保证公众对重大决策能够充分理解。

(5) 稀缺资源垄断性国有企业应该明确其对经济社会可持续发展和生态环境保护的社会责任,并让社会公众知晓该责任,充分报告企业与社会公众的关系。

(6) 稀缺资源垄断性国有企业不设定经济目标,其对稀缺资源开发的程度要同时考虑消费者需求、经济社会可持续发展和生态平衡。

(7) 稀缺资源垄断性国有企业党委会应该制定、实施和传达符合规程的内部道德准则,引导企业始终保持正确的发展方向,树立服务于公众、维护经济可持续发展和生态平衡的正确理念。

3.3 董事会治理

稀缺资源垄断性国有企业董事会应由政府基于稀缺资源利用的高效

率,以及与此对应的经济社会可持续发展和生态环境保护目标而向社会公开选聘,并尊重其独立性。董事会中应有足够数量的、具有独立判断能力和相关行业知识的、关心稀缺资源利用效率、经济社会可持续发展和生态环境保护的独立董事。董事会应该对企业可能存在的对经济社会可持续发展和生态环境的负面影响做出评估并反馈给公众。董事会应本着对经济社会可持续发展和生态环境保护负责的态度,定期向公众发布董事会报告,并接受公众质询,对公众意见及时做出回应。董事会应该有规范的、具有法律效力的董事会议事规则;董事会中的非高管董事的薪酬应分类确定。

(1) 稀缺资源垄断性国有企业应当建立董事会并尊重其独立性,但政府本着经济社会可持续发展和生态环境保护的立场,对企业董事会有监督权,应该对监督权的范围做出界定。

(2) 稀缺资源垄断性国有企业董事成员由政府监管机构向社会公开招聘并进行委派和考核,考核标准及范围是公众利益诉求落实、稀缺资源开发适度性、生态环境保护、成本控制和安全保障情况。

(3) 稀缺资源垄断性国有企业董事会中应有足够数量的、具有行业和相关业务知识的、具备独立判断能力的、关心稀缺资源利用效率、经济社会可持续发展和生态环境保护的独立董事。

(4) 稀缺资源垄断性国有企业董事会应设立与经济社会可持续发展和生态环境保护相关的专门委员会,如可持续发展和环境评估委员会,专门委员会中独立董事占多数并由独立董事担任召集人。

(5) 稀缺资源垄断性国有企业董事会接受公众委托,对公众利益负责。

(6) 稀缺资源垄断性国有企业董事会根据政府制定的稀缺资源有效利用、可持续发展和生态环境保护目标,履行战略制定和监督管理层的职能。董事会必须制定独立的评价体系,评估企业逐利行为对经济社会可持续发展和生态环境的影响并及时向公众反馈。

(7) 稀缺资源垄断性国有企业应明确董事会与党委会的关系,二者职责要明晰,并披露交叉任职和分工情况。

(8) 稀缺资源垄断性国有企业董事会应定期向监管机构提交董事会报告,并向公众公布。

(9) 稀缺资源垄断性国有企业董事会应定期、不定期地接受公众的质询和建议,对公众意见和诉求要及时做出回应。

(10) 稀缺资源垄断性国有企业董事会应建立规范的、具有法律效力的董事会议事规则,定期召开董事会会议并建立董事会备忘录制度。

(11) 稀缺资源垄断性国有企业董事会中的非高管董事的薪酬应分类确定,政府董事应设为外部董事,其薪酬应参照对应的公务员标准确定;独立董事不享受薪酬待遇,其在任职企业获取的收入是车马费和少量津贴,其激励应更多地采用声誉激励,以保证其独立性。

3.4 财务治理与信息披露

稀缺资源垄断性国有企业应明确财权配置,加强财务控制;应强化信息透明,尤其要详细披露稀缺资源开发程度,以及其对可持续发展和生态环境的负面影响;应强化政府、社会审计和公众对企业财务治理的监督力度,防止企业借垄断地位过度开发稀缺资源,努力实现稀缺资源有序利用,保证稀缺资源开发和利用能够长期地支持经济社会的可持续发展,并杜绝造成生态破坏。

(1) 稀缺资源垄断性国有企业应强化和明确财权配置,防止企业借垄断地位过度追求利润,从而对经济社会可持续发展和生态环境造成破坏性影响。

(2) 稀缺资源垄断性国有企业应加强财务控制,应强制性评估稀缺资源开发对可持续发展和生态环境的负面影响。

(3) 稀缺资源垄断性国有企业应详细披露企业的成本构成,并做出充分的说明,成本构成应包括生态环境成本。

(4) 稀缺资源垄断性国有企业应详细披露盈利原因和分配方案;如果亏损,应详细说明亏损原因和扭亏方案。

(5) 应加强政府和社会审计在稀缺资源垄断性国有企业中的监督职能,并强化公众在社会监督和审计中的参与度。

(6) 稀缺资源垄断性国有企业应实施高度透明的信息披露制度,以提高社会公众参与监督的力度。

3.5　高层管理者激励与评价

稀缺资源垄断性国有企业的高层管理者是董事会决策的执行者。高层管理者的激励不是来自利润多少,而是来自政治地位的提升。高层管理者的薪酬应该等同于公务员待遇,其贡献应以稀缺资源有序利用和生态环境保护作为评价标准。高层管理者要不断强化对公众的责任意识。

(1) 稀缺资源垄断性国有企业高层管理者应由政府部门委派,具有相应的行政级别,可以竞争上岗。

(2) 对稀缺资源垄断性国有企业高层管理者贡献的评价应主要以稀缺资源有序利用、防止过度开采以保证经济社会可持续发展和维护生态环境作为评价标准。

(3) 稀缺资源垄断性国有企业高层管理者的激励不是来自薪酬,而是根据其贡献获得行政职务升迁或级别提高,即政治地位的提升。

(4) 稀缺资源垄断性国有企业高层管理者的薪酬待遇应与同等级别的公务员保持一致,并根据其贡献体现一定的差别。

(5) 稀缺资源垄断性国有企业高层管理者应定期、不定期接受董事会和公众的质询,以强化其对公众的责任意识。

3.6　社会责任

稀缺资源垄断性国有企业的主要目标是在满足公众基本需求的同时,必须避免过度消费和过度开发,以保证经济社会的可持续发展和保护生态环境。保证经济社会的可持续发展和保护生态环境是强制性责任，不以企业自身意愿为转移。企业应向公众提供高质量的和安全可靠的产品，并及时提交社会责任报告，以接受公众监督和质询。

(1) 稀缺资源垄断性国有企业的主要目标，一是满足公众对稀缺资源的基本需求；二是抑制过度消费和过度开发，以保证经济社会的可持续发展，并维护生态环境的平衡，后一个目标更为重要。

(2) 稀缺资源垄断性国有企业获取的利润应通过资源税绝大部分上缴国库，以避免其过度开发稀缺资源。

(3) 稀缺资源垄断性国有企业应平等地为社会公众提供高质量的产品。不能以任何理由提供低劣产品和服务。

(4) 稀缺资源垄断性国有企业应及时向公众提供完整的社会责任报告，自觉接受公众监督，随时接受公众质询。

3.7 法律与政府监管

稀缺资源垄断性国有企业应有专门的法律和监管制度，并有专门机构对其进行监管；法律应明确企业所有权属于公众，要赋予公众享有企业的监督权和决策权，并明确公众参与决策的范围和机制；政府应对企业的成本和价格进行监管，要对稀缺资源开发带来的对经济社会可持续发展和生态环境的影响进行评估，并对可能的腐败和合谋侵害公众利益的行为制定切实的惩治措施。

(1) 稀缺资源垄断性国有企业应有专门的法律和政府监管制度，以保证企业行为的规范性。

(2) 稀缺资源垄断性国有企业应有专门的政府监管机构，代表公众对企业进行监管，法律应明确政府监管机构的权力范围和责任。

(3) 法律应明确稀缺资源垄断性国有企业的所有权属于公众，服务对象也是公众，要赋予公众享有企业的决策权和监督权，并明确公众参与企业决策的范围和机制。

(4) 政府应对稀缺资源垄断性国有企业的成本和定价进行监管，防止企业虚增成本、提高价格或通过其他方式牟取不当利益，政府应建立企业不当收益归国家的机制。

(5) 政府应制定规则对稀缺资源开发对经济社会可持续发展和生态环境的影响进行经常性评估，要制定稀缺资源开发税，税率水平应足以防止资源过度开发。

(6) 法律应明确稀缺资源垄断性国有企业高层管理者应承担的责任和义务，能够有效处理企业可能发生的腐败问题，应清晰界定企业高层管理者因腐败所需承担的法律责任。

(7) 法律应能够有效处理政府监管机构与企业合谋侵害公众利益的行为，应明确监管机构和企业因合谋侵害公众利益而各自承担的法律责任。

第 4 章　竞争性国有企业公司治理指引

4.1　竞争性国有企业的性质

竞争性国有企业处于竞争性行业,以追求利润最大化为首要目标,没有任何强制性社会公共目标。

(1) 竞争性国有企业以盈利为目的,追求利润最大化是企业的基本属性,政府不应赋予强制性社会公共目标。

(2) 竞争性国有企业的作用主要是实现政府调控目标,促进经济稳定和产业结构优化,但其与非国有企业之间的竞争是公平的,两类企业的法律地位是平等的。

(3) 竞争性国有企业股权可以多元化,非国有资本可以参股进入,也可以在资本市场上市经营。

(4) 竞争性国有企业的产品和服务的价格由企业根据市场供求来决定,政府没有干预的权力,但对价格操纵拥有监督和惩罚的权力。

(5) 竞争性国有企业可以通过控制权转移或被并购,成为非国有控股企业,这属于正常的竞争行为。

4.2　利益相关者权益保护

国家和竞争性国有企业应该承认以股东为核心的所有利益相关者

的权利;国有股东不应具有特别的权力,中小股东应有特别的保护制度;应确保利益相关者得到公平对待并平等获得企业信息;应建立利益相关者尤其是投资者关系机制,对利益相关者的诉求及时做出回应;应为中小投资者参与决策提供便利,应有投资者受损的补偿机制;国有股东应享有与其他股东同等的参与分红的权利;应建立保护利益相关者的道德准则。

(1) 竞争性国有企业应该确保以股东为核心的所有利益相关者得到公平对待,尤其对于中小股东,要有特别的保护性制度安排,以防止其可能遭受的侵害。

(2) 竞争性国有企业中的国有股东不应具有特别的权力,其与其他股东在法律地位上是相同的。

(3) 竞争性国有企业应该对所有利益相关者高度透明,任何隐瞒和欺诈性信息都应视为对利益相关者的侵害而被惩治。

(4) 竞争性国有企业应该制定与所有利益相关者进行交流和征求意见的积极政策,尤其应建立投资者关系机制。对于利益相关者的合理建议,要认真吸取;对于利益相关者的诉求,要及时回应并提供解决方案。

(5) 竞争性国有企业应该为中小股东参与决策提供便利,应采取有效措施确保其参与决策的权利。

(6) 竞争性国有企业应该充分报告与利益相关者的关系,应促进利益相关者成为企业利益的忠诚维护者。

(7) 竞争性国有企业应建立利益相关者尤其是投资者利益受损的补偿机制,任何因企业人为因素导致的利益损失都应得到足够救济。

(8) 竞争性国有企业应建立有吸引力的分红制度,以激励股东成为长期投资者而非投机者。

(9) 竞争性国有企业中的国有股东享有与其他股东同等的参与分红的权利,并应明确国有股收益属于公众,公众享有通过国家财政分配国有股收益的权利。

(10) 竞争性国有企业党委会应该会同董事会制定、实施和传达符合规程的、保护利益相关者的、积极向上的道德准则。

4.3 董事会治理

竞争性国有企业应建立董事会并保证其独立性;董事选举程序应公开透明,并应采取累积投票制;独立董事应过半数并担任专门委员会召集人;应明确董事会对股东的受托责任,履行战略制定和监督管理层的职能;董事会与党委会的职责应明晰;国有资产监管机构不应拥有获取企业信息的独特权力;董事会应对投资者的质询及时给予回应;董事会应建立具有法律效力的董事会议事规则;非高管董事的薪酬应分类确定。

(1) 竞争性国有企业应建立董事会并保证其独立性。

(2) 竞争性国有企业董事的选举程序应公开透明,所有投资者都有权利提名董事候选人,亦可由董事会提名委员会提名;股东大会上董事的选举应实行累积投票制,以保障中小股东的权益;董事会也应该有职工代表。

(3) 竞争性国有企业董事会中应有足够数量的、具有独立判断能力以及相应专业知识和管理经验的独立董事;独立董事应过半数,以保证董事会的独立性,防止内部人控制。

(4) 竞争性国有企业董事会应设置相应的专门委员会,包括审计委员会、提名委员会、薪酬与考核委员会等,专门委员会中独立董事应占多数并由独立董事担任召集人。

(5) 竞争性国有企业应明确董事会作为股东的代理人对股东的受托责任,董事会应公平对待所有股东。

(6) 竞争性国有企业董事会根据企业价值最大化的经济目标,履行战略制定和监督管理层的职能,董事会有权选聘和撤换总经理(CEO)。

(7) 竞争性国有企业应明确董事会与党委会的关系,二者职责应明晰,并披露交叉任职和分工情况。

(8) 竞争性国有企业董事会应同时向国有资产监管机构和其他投资者发布董事会工作报告和其他信息,国有资产监管机构不应拥有获取企业信息的独特权力,也不应提前获取企业信息。

(9) 竞争性国有企业董事会应向国有资产监管机构和公众单独公布国有股保值增值信息。

(10) 竞争性国有企业董事会应定期、不定期地接受投资者的质询和建议,对投资者的意见和诉求,董事会应及时给予回应。

(11) 竞争性国有企业董事会应建立规范的、具有法律效力的董事会议事规则,定期召开董事会会议并建立董事会备忘录制度。

(12) 董事会中的非高管董事的薪酬应分类确定,政府董事应设置为外部董事,其薪酬应参照对应的公务员标准确定;对于独立董事,则不享受薪酬待遇,其在任职企业获取的收入是车马费和少量津贴,其激励应更多地采用声誉激励,以保证其独立性。

4.4　财务治理与信息披露

竞争性国有企业应实现财权配置的规范化和财务监督的制度化和常态化;应加强财务控制,防止财务风险;应详细披露股息分配方案;应防止大股东“掏空”等问题;应实现信息的高度透明化,对于信息隐瞒和欺诈应有严格的惩罚机制。

(1) 竞争性国有企业应实现财权配置的规范化,以保护各财务主体的利益。

(2) 竞争性国有企业应促进财务监督的制度化和常态化,以防止可能的财务失真和欺诈。

(3) 竞争性国有企业应强化财务控制,尤其应加强内部控制,以防止可能的财务风险。

(4) 竞争性国有企业应详细披露股息分配方案,如不分配,应做出充分的说明。

(5) 竞争性国有企业应防止可能的大股东“掏空”,以及内幕交易、关联交易等问题,应有严格的防范措施。

(6) 竞争性国有企业应按照现代公司治理规范,清晰、完整、及时披露公司信息,实现公司信息的高度透明化。对于隐瞒信息或提供虚假信息,应有足够威慑力的惩罚机制。

4.5 高层管理者激励与评价

竞争性国有企业高层管理者应由董事会独立从经理人市场中选聘,应允许非国有企业经营者成为国有企业高层管理者;对高层管理者贡献的评价应以企业绩效和经营风险为标准;高层管理者薪酬应是市场化的,不应设定上限;激励形式应是多样化的,但应特别注重长期激励形式;高层管理者不应享有行政级别和待遇。

(1) 竞争性国有企业高层管理者应由董事会独立从经理人市场中选聘,竞争上岗;政府应大力推进职业经理人市场建设,以此强化经理人市场对高层管理者的约束。

(2) 竞争性国有企业高层管理者可以来自非国有企业,经营能力应该成为选择高层管理者的主要依据。

(3) 对竞争性国有企业高层管理者贡献的评价应以企业绩效和经营风险作为标准。

(4) 竞争性国有企业高层管理者的激励来自市场化的薪酬,国有资产监管机构不应对高层管理者薪酬设定上限,薪酬多少应考虑高层管理者的实际贡献。

(5) 竞争性国有企业高层管理者的激励形式应是多样化的,应特别注重长期激励形式。

(6) 竞争性国有企业高层管理者应取消行政级别及相应的行政待遇,不应把政治地位提升作为激励形式。

4.6 社会责任

竞争性国有企业应充分保证公平的竞争环境和秩序;应诚信守法,忠实履行纳税、保护投资者和员工的义务;应支持和鼓励企业自愿承担社会责任;应建立健康向上的企业文化,及时和客观地提供社会责任报告。

(1) 竞争性国有企业应充分保证社会的公平竞争环境和秩序。

(2) 竞争性国有企业应遵纪守法,履行诚信义务,向社会提供高质量的、安全的产品和服务。

(3) 竞争性国有企业应充分认识自己应承担的法定纳税义务,按时足额上缴税款。

(4) 竞争性国有企业应充分保护投资者权益,及时足额向投资者分配股息红利。

(5) 竞争性国有企业应忠实履行与员工的合同义务,切实保障员工利益,尽最大努力使员工收入增长不低于企业业绩增长。

(6) 对于竞争性国有企业自愿承担社会责任的行为应给予支持和鼓励,尤其应支持和鼓励企业积极参与社会公益性项目。

(7) 竞争性国有企业应建立健康向上的企业文化。

(8) 竞争性国有企业应及时、完整、客观地提供社会责任报告。

4.7　法律与政府监管

国家和政府应建立确保竞争性国有企业与其他竞争性企业地位平等的法律制度;应制定投资者保护法案、利益补偿法案和对责任人的惩罚法案;应建立国有资本收益归国家并使公众受益的机制;应避免行政干预;应有防止企业高管腐败的法律制度。

(1) 国家和政府应建立确保竞争性国有企业与其他竞争性企业地位平等的法律制度,竞争性国有企业可以有专门法律,但必须建立在公司法等规范市场主体的商事法律的基础上。

(2) 政府应制定投资者保护法案,重点保护中小投资者,建立有效的救济机制和惩罚机制,保证国有股东与其他股东的地位平等。

(3) 政府应建立竞争性国有企业中的国有资本收益归属国家并用于

公众的机制。

(4) 政府监管机构不应对竞争性国有企业施以行政干预,仅作为公众出资人代表履行出资人职责,以出资人代表的身份对企业中的国有资产经营进行监督。

(5) 法律应对竞争性国有企业的腐败问题有相应对策,明确企业高管应承担的法律责任。

第 2 编

国有企业公司治理指引注释

第1章　公益性国有企业公司治理指引注释

1.1　公益性国有企业的性质

公益性国有企业以提供公共产品和公共服务为宗旨，应该定位为特殊法人，独立核算但不负盈亏，由国家财政来支撑其运行。

1.1.1　公益性国有企业不以盈利为目的，其作用是直接提供公共产品和服务，以社会和谐和稳定为唯一目标。

公益性国有企业提供公共产品和公共服务，如城市基础设施、公共交通、环境卫生、公共卫生保健、义务教育、国防、道路、桥梁、园林、消防、污水处理、防洪等。不过需要注意的是，公共产品和公共服务并不是从生产到最终消费都是公益性的，有些公共产品和服务在其建设阶段，设备生产和销售都可以是竞争性的，即由民营企业进行生产或建设，但生产或建设阶段完成后的运营则是公益性的，只能适合国有企业来经营，即生产或建设阶段完成后由政府购买，并交付公众免费或低费使用，这时的国有企业就成为公益性的了。

由于公共产品和公共服务的消费具有非竞争性和非排他性，容易出现外部性和搭便车行为，私人企业不愿意进入，进入后无利可图，所以公共产品和公共服务必须、也只能由公益性国有企业来“垄断性”提供。很显然，公益性国有企业提供公共产品和公共服务，对于公众的生活、安全和发展，进而维持社会的和谐和稳定是必不可少的，这也正是公益性国有企业存在的目的。

1.1.2 公益性国有企业应该定位为特殊法人，依照专门法律设立，受专门法律调整，不做商事登记，其具体组织机构也由特别法规定。

公益性国有企业的作用是直接提供公共产品和公共服务，而非盈利。就此说来，把这类企业称之为“企业”是不合适的，因为企业给人的感觉就是“赚钱”，这与该类企业的宗旨不符，因此，这类企业最好定位为特殊法人。

特殊法人是指依照专门法律设立和经营的具有专门职能的国有独资单位。特殊法人的特殊性表面上在于其受特别法律规范，经营方式特别，本质上在于其具有特别职能。从产权角度来说，特殊法人由国家单独出资，出资人唯一，这与国有独资公司一致，但特殊法人不受《公司法》和一般商法规范的约束。特殊法人依照专门法律设立，受专门法律调整，一般不要求作商事登记，其具体组织机构也由特别法规定。

基于公益性国有企业的“公益性”特征，应当借鉴西方发达国家经验，推进特殊法人的专门立法，尽快建立特殊法人制度。

1.1.3 作为特殊法人，公益性国有企业独立核算但不负盈亏，其运行由国家财政来支撑和负担。

在经营上，作为特殊法人的公益性国有企业独立核算，但不负盈亏而靠财政维持。由于这类企业不能盈利，也不应该盈利，因此亏损是必然现象，此时就应该由国家财政来补贴。从本质上说，这种补贴是财政反馈纳税人的一种重要形式，是对纳税人的一种回报。

1.1.4 公益性国有企业的产品或服务或者免费提供，或者在征求公众意见的基础上由政府依法决定，企业没有定价权。

公益性国有企业提供公共品，这决定了不能向公众收取费用，或者只能收取较低的费用。由于公益性国有企业提供的是公共品，因此企业无权决定收费多少，只能由政府决定。对于免费的公共品，政府无需征求公众意见。但如果收取一定费用，则政府必须征求公众意见，评估收费对公众利益的影响，在此基础上才能最终决定收费额度。

1.2　所有者权益保护

国家和公益性国有企业应该承认社会公众作为所有者的权利，确保社会公众得到公平对待并平等获得企业信息，并承认其对社会公众的责任，报告其与社会公众的关系，给公众参与决策提供各种便利，树立服务于公众的正确理念。

1.2.1　公益性国有企业应该确保作为所有者的社会公众得到公平对待，不应存在群体间的歧视。

公益性国有企业应该体现社会公众的利益，并认可社会公众对国有企业资产的权利，在提供公共产品和公共服务时不应在不同公民之间存在歧视。公益性国有企业应该保证社会公众的利益不被直接或间接地侵害，并且建立有效的惩治机制，以避免可能的侵害。企业不能为某些特殊利益集团服务，更应该禁止内幕交易和滥用自我交易。

国家作为公益性国有企业的独立出资者，能够决定董事会的组成。政府处于支配地位，应该保证不能滥用权力，例如不应该迫使企业追求损害社会公众利益的目标。滥用权力的表现为：不适当的关联交易、带有主观性的业务决策以及为了某些集团利益而改变企业资产结构。可以采取的措施包括加强信息透露、明确董事会成员责任等。

公益性国有企业应该制定关于公平对待社会公众的指导方针，确保企业，特别是其董事会充分认识到与社会公众关系的重要性，并且积极增强这种关系。

1.2.2　公益性国有企业应该对社会公众高度透明，使公众对公共产品和公共服务能够完全认知。

公益性国有企业保护社会公众利益的一个关键条件是确保高度透明，并使公众对公共产品和公共服务能够完全认知，使公众充分了解公共产品和公共服务的性质和使用规则。社会公众应该能够接触所有必要的信息。

同时，国家作为独立出资者，不应以其特殊的地位优势，对所获得的相关信息进行滥用。无论关于信息披露的法律和规则框架的质量和完整性如何，公益性国有企业都应该建立起保证社会公众能便利、公平、低成本地获取信息的机制和程序。企业的任何协议，包括覆盖董事会成员的信息协议，都应该予以披露。

1.2.3　**公益性国有企业应该保证社会公众享有消费公共产品和公共服务的权利。**

公益性国有企业以提供高质量的、安全的公共产品和公共服务为目标，而且应该保证社会公众享有消费公共产品和公共服务的权利。公益性国有企业应该制定保证社会公众平等、公平享有公共产品和公共服务的权利的政策和措施。对于公众的这项权利，企业应该通过信息披露使社会公众知晓。

1.2.4　**公益性国有企业应该制定与社会公众进行交流和征求意见的积极政策，并多方面听取和吸纳公众意见，对公众意见和诉求及时做出回应。**

公益性国有企业应该以及时和方便的方式，让社会公众对重要事件、重要会议和重要决策及时知情，并应该向社会公众提供所要决策的议题的充足信息。确保企业履行对社会公众发布信息的义务，是公益性国有企业董事会的责任。公益性国有企业不仅应该采用已经存在的法律和规则框架，而且在框架之外，还应该鼓励建立信用和信心机制，多方面听取和吸纳公众意见，并对公众诉求做出及时回应。与社会公众的积极协商和交流，有助于改进决策过程和社会公众对关键决策的认可。

1.2.5　**公益性国有企业应该为社会公众参与重大决策（如重大投资、预算制定、成本控制等）提供便利，确保他们参与决策的权利。**

公益性国有企业应该让社会公众消除疑虑，保证对他们的利益予以考虑。公众参与重大决策过程是最基本的权利。为鼓励社会公众积极参与公益性国有企业的重大决策过程，并便于他们行使权利，企业可以采用便利的缺席投票或推广使用电子投票，以降低参与成本。重要的是，保护社会公众权益的任何特殊机制,都必须仔细权衡。它既应该充分体现公平对待社会公众的理念,也不会妨碍国家的合法影响,同时需要防止社会公众在没有道理或无根据的情况下阻碍决策程序。

1.2.6　公益性国有企业应该明确其公益目标,并让社会公众知晓该目标,充分报告企业与社会公众的关系。

公益性国有企业应该充分报告企业与社会公众的关系,只有这样,企业才能证明它们要透明经营的意愿和对社会公众的承诺。充分报告可以增强公众信任并改善企业的声誉,因此公益性国有企业应该明确其公共政策目标,并使社会公众充分知晓这一目标。这本身也应该是任何一个公益性国有企业,奉行公共政策目标和履行普遍服务义务的体现,但同时应该适当注意与企业规模相称的费用。当企业在社会或环境政策上有特殊目标时,应该向社会公众充分报告和披露。应鼓励公益性国有企业委托第三方机构对其社会公众报告进行独立检查,以增强其可信度。

1.2.7　公益性国有企业党委会应该制定、实施和传达符合规程的内部道德准则,引导企业始终保持正确的发展方向,树立服务于公众的正确理念。

公益性国有企业党委会制定和实施高尚的道德标准,是对企业日常经营和对公众承诺进行信用保障的一种措施,符合任何一个企业的长远利益。对于公益性国有企业,由于需要尽可能满足公共政策上的考虑,而弱化商业上的考虑,因此会产生更多压力,从而可能背离高尚的道德标准。

公益性国有企业的全体员工,包括董事、高级经理和普通职员,应当以高尚的道德标准要求自己。企业应该建立内部道德准则,并承诺他们会自觉遵守。道德准则应该引导企业始终保持正确的发展方向,树立服务于公众的正确理念,并应用于整个公益性国有企业及其附属机构。对于规范全体员工行为的制度和守法标准,道德准则应该给予清楚和详细的指导。为了使道德准则与全体员工和社会公众挂钩,制定过程应该保证社会公众的共同参与。

道德准则应该包括维护社会公众利益的特殊机制,应该包括企业员工能够报告违法或违反道德准则行为的程序。公益性国有企业也应当确保员工(无论是个人还是通过他们的代表机构)的投诉得到充分对待。公益性国有企业的董事会可以准许公众和员工,或他们的代表,直接或间接地接触董事会中的独立董事或企业内部专门调查舞弊和听取批评意见的人员。道德准则还应该包括当投诉被发现是没有道理和事实上无意义、无根据时所采取的纪律措施。

1.3 董事会治理

公益性国有企业董事会应由政府基于公益目标而向社会公开选聘,并享有一定的独立性。董事会中应有足够数量的、具有独立判断能力的、关心公众利益的独立董事。董事会本着对公众利益负责的态度,定期向公众发布董事会报告,并接受公众质询,对公众意见及时做出回应。董事会应该有规范的、具有法律效力的董事会议事规则。

1.3.1 公益性国有企业应当建立董事会并享有一定的独立性。

董事会是企业所有者与经营者之间联系的纽带。在公益性国有企业中,董事会需要统筹协调公众(所有者和消费者)、高层管理者和职工之间的利益关系。在公益性国有企业中建立董事会制度的必要性体现在:第一,公益性国有企业作为国有独资的特殊法人,所有者是全体公众,董事会是全体公众在企业中的代理人,它要代表全体公众履行对所有者服务的职责;第二,董事会制度能有效分离企业的决策层与执行层,减少公众与管理层之间因可能的利益冲突所产生的代理问题,董事会代表全体公众的利益负责战略决策和对决策执行的监督,管理层负责决策的执行;第三,董事会成员背景的多样性可以为决策提供不同视角的和专业的意见,从而提高决策的科学性。

公益性国有企业董事会因代表全体公众的利益而不具有完全的独立性,政府对董事会应该具有指导作用。因为相对于董事会,政府更能够代表广泛的公众利益,但董事会的专业性更强,政府应该尊重董事会从专业角度做出的决策。这意味着,公益性国有企业的董事会应享有一定的独立性。在坚持公益的前提下,政府和公众应该尊重董事会的独立性。董事会应在广泛听取公众意见的情况下进行独立的决策,并对决策负责。

1.3.2　公益性国有企业董事成员由政府监管机构向社会公开招聘并进行委派和考核,考核标准是公益目标的实现,以及成本控制和安全保障情况。

董事会是全体公众在企业中的代理人,这就决定了董事应该由代表公众利益的政府国有资产监管机构进行提名和选聘,以保证企业公益目标的实现。为了保证董事的任职资格和来源能够满足公益目标的实现,董事的选聘标准应该公开透明,且应该面向社会公开招聘。董事选聘的标准应该坚持公益性和专业性并重的原则,选聘的董事应该是有公益心、能够代表公众利益、具备相关行业或业务知识的社会人士。为了维护社会公共利益,董事选聘后应由政府国有资产监管机构对其进行委派和考核,考核标准是公益目标的实现,以及成本控制和安全保障情况。

1.3.3　公益性国有企业董事会中应有足够数量的、具有相关行业和业务知识以及独立判断能力的、关心公众利益的独立董事。

公益性国有企业的目标是向公众提供高质量的、安全的公共产品和公共服务,其董事会构成应体现公共性,有独立的公众利益代表,也就是需要一定的独立董事。独立董事需要充分代表公众利益,监督管理层为公众利益最大化服务。为了保证独立董事工作的效果和效率,独立董事应该是有公益心、关心公众利益、能够客观公正地代表公众利益并具备一定的行业或业务知识的社会人士。为了实现企业的公益目标,独立董事的数量应该超过一半,董事长和总经理应该分任,可以由独立董事担任董事长。在内部人担任董事长的企业中,可以建立由独立董事担任首席董事的制衡制度,首席董事作为董事会中独立董事的牵头人,主持召开没有管理层参与的独立会议,会后应就会议意见与内部董事(管理层)充分沟通并力求达成一致。

1.3.4　公益性国有企业董事会应设立与公益目标相关的专门委员会,如成本控制委员会、安全控制委员会等,专门委员会中独立董事占多数并由独立董事担任召集人。

公益性国有企业不以盈利为目的,其核心是在保证提供足够数量的、高质量的和安全的公共产品和公共服务的前提下，加强成本费用控制。为此，公益性国有企业董事会应当设立成本控制委员会、安全控制委员会等与公益目标相关的专门委员会，作为董事会的专门工作机构，为董事会决策提供咨询和建议。董事会应制定相应的专门委员会议事规则，规范专门委员会的运行，以保证专门委员会充分考虑公众利益。董事会专门委员会中独立董事应占多数并由独立董事担任召集人，其中成本控制委员会召集人应该由具有财务背景的独立董事担任。根据企业实际情况，经董事会通过，董事会也可以设立其他专门委员会并规定其职责。当董事会专门委员会设立时，其人员任命、构成和工作程序应该定义明确并由董事会向公众公告。

1.3.5　公益性国有企业董事会接受公众委托，对公众利益负责。

公益性国有企业的所有者是全体公众，董事会是全体公众的代理人，董事会是接受全体公众的委托，应对公众利益负责，确保企业实现公众利益最大化。应建立董事责任制度及与之相关的董事考核制度，在董事责任和考核制度中，公众利益应置于首要位置，以保证董事充分代表公众利益。

1.3.6　公益性国有企业董事会根据政府制定的公益目标，履行战略制定和监督管理层的职能。

公益性国有企业董事会应根据政府制定的公众利益最大化的公共目标，负责企业的战略制定并对管理层的战略执行过程进行监督。在制定企业发展战略的职能行使方面，董事会应通过网络、现场听证会等各种方式广泛征询公众意见，并及时发布公众意见征询情况报告，以保证公众在关系公众利益的重大决策中的参与权和知情权。在监督管理层的职能行使方面，董事会应当采取直接监督和间接监督并用的方式，通过公开、透明、充分的信息披露让公众共同参与监督，并接受社会评价。

1.3.7　公益性国有企业应明确董事会与党委会的关系，二者职责要明晰，并披露交叉任职和分工情况。

董事会主要负责企业战略制定和对管理层的监督，党委会主要负责党政工作和干部任命，二者工作虽然各有侧重，但在参与企业重大决策上，特别是“三重一大”(重大决策、重要人事任免、重大项目安排、大额资金运作)事项上,二者工作又有交叉。公益性国有企业必须明确董事会和党委会的职责和分工,明确二者各自的决策范围和事项,以及必须由二者共同决策的范围和事项,并向公众进行充分披露。董事会和党委会成员可以通过“双向进入、交叉任职”的方式实现共同决策,以减少决策冲突。交叉任职情况必须向公众进行充分披露,以防止可能发生侵害公众利益的行为。

1.3.8　公益性国有企业董事会应定期向监管机构提交董事会报告,并向公众公布。

公益性国有企业董事会应落实年度评估制度,以评价自身履行职责的情况。董事会应根据政府国有资产监管机构的要求定期编写并提交董事会报告。董事会报告的主要内容应包括现有董事会人员构成、董事出席会议情况、董事会会议决策情况、专门委员会会议决策情况、董事履职情况、履职过程中存在的问题以及相应的改进措施。董事会报告在提交给监管机构的同时,要向公众进行公布,以保证公众的知情权和监督权。

1.3.9　公益性国有企业董事会应定期、不定期地接受公众的质询和建议,对公众意见和诉求要及时做出回应。

公益性国有企业董事会应该制定与公众进行交流和征求意见的积极政策,并应建立对公众的反馈和交流平台,如通过网络、电话、现场接待等方式,定期、不定期地接受公众的质询和建议,以致力于改善公众服务质量,使企业提供的公共产品和公共服务能够真正满足公众需求。对于公众提出的合理意见和诉求,董事会应及时做出回应,并将公众意见反馈结果向公众公布。

1.3.10　公益性国有企业董事会应建立规范的、具有法律效力的董事会议事规则,定期召开董事会会议并建立董事会备忘录制度。

公益性国有企业董事会应制定规范的、具有法律效力的董事会议事规则,以确保董事会高效运作和科学决策,并使董事对自己的履职行为负责。董事会议事规则的主要内容应包括:(1)董事会的职责与权限,应明确董事会议事的范围;(2) 董事会议事的程序,包括材料的准备、会议通知、委托代理、表决机制等,并强调董事会在进行重大决策前须向公众征求意见,以保证董事会在汇总公众意见并进行充分讨论的基础上做出符合公众利益的最终决策;(3) 董事、董事长议事的权利、义务和责任。另外,应当建立董事会备忘录制度。董事会备忘录应完整、真实,董事会秘书对会议所议事项要认真组织记录和整理,出席会议的董事、董事会秘书应在会议记录上签名,董事会会议记录应作为企业重要档案妥善保存,以作为日后明确董事责任、承担或免除责任的重要法律依据。

1.3.11 **公益性国有企业董事会中的非高管董事的薪酬应分类确定,政府董事应设为外部董事,其薪酬应参照对应的公务员标准确定;独立董事不享受薪酬待遇,其在任职企业获取的收入主要是车马费和少量津贴,以保证其独立性。**

公益性国有企业董事会应由三类人员构成,分别是政府董事、独立董事和高管董事,他们的来源不同,职能不同,薪酬也应不同。其中,政府董事由政府委派,代表出资人或公众的利益。为保证政府监督的独立性,政府董事应设为外部董事,其薪酬参照同级公务员标准确定,并根据其贡献有一定的奖励。独立董事应是财务、法律以及公益领域专业人士,由政府从社会公开招聘。为保证独立董事的独立性,独立董事在任职企业不享受薪酬待遇,其作为独立董事的补偿应是车马费和少量津贴。对独立董事的激励不是来自薪酬,而是声誉。为保证声誉机制能够发挥作用,应该建立独立董事声誉机制,这种声誉机制要能够反映独立董事的能力和诚信,并有惩戒作用。也可以考虑从职业化的经理人市场中选择具有公益心的独立董事。

1.4 财务治理与信息披露

公益性国有企业应建立规范的财务治理制度,严格成本控制,确保财政投入的合理配置和有效使用,加强政府和社会审计,提升信息披露透明度，强化公众对企业财务治理的参与和监督，保证财政资金真正地服务于公众。

1.4.1　公益性国有企业应确保财务治理的规范性，着重加强财务控制建设，以保证财政资金的有效和合理使用。

公益性国有企业的作用是直接提供公共服务，而非盈利，其资金支持来自国家财政。确保财政资金使用的合理性，需要对公益性国有企业的财务治理进行严格规范。其中，财务控制是公益性国有企业财务治理的重点内容。公益性国有企业应实施全面预算管理制度，建立健全企业内部财务控制制度。健全的财务控制有助于防范财务风险，使国家投入的资金得到有效配置，实现造福于民的目的。财务控制应结合每个公益性国有企业的具体情况，立足公益目标的实现，建立一套真正符合企业发展和管理需要的财务控制规范。应坚持以法律为准绳和成本控制原则，达到内部牵制、多方位监督和全面控制的管理目标，切实保障财政资金的有效和合理使用，防止滥用和低效使用。

1.4.2　公益性国有企业应加强成本控制，确保财政资金的科学配置，避免出现软约束尤其是人为虚增成本的现象。

公益性国有企业应把成本控制置于核心地位。由于生产公共产品存在预算软约束，为了防止由此而产生的道德风险，需要像上市公司那样做到信息透明和公众监督，以解决信息不对称情况下经营者隐瞒真实成本或人为虚增成本的问题。公益性国有企业应强化企业内部的成本核算，将成本发生情况细化至部门、岗位、个人，以确保成本控制执行中的职责明晰。同时，应将成本控制水平与高管的业绩评价和岗位晋升相关联。应该公开公益性国有企业预算执行方案，董事会应该对方案的合理性做出科学评估，并进行公示，以接受公众监督。

1.4.3　应加强政府和社会审计在公益性国有企业中的监督职能，并强化公众在社会审计中的参与度。

政府管理部门应采用政府审计、专项检查、第三方独立评价等社会或外部监管措施，对公益性国有企业提供的产品和服务的成本进行认证，以控制成本摊销,合理核定费用。审计人员在对公益性国有企业进行效益评价时,应充分考虑既定成本下企业创造的社会效益。应将有关社会费用负担能力等因素纳入其中,重点评价企业的社会贡献力。在实施企业效益审计时,应选择适合每个企业具体情况的评价标准,以保证审计结果的客观公正。

应强化社会公众、大众传媒尤其是新兴媒体在社会审计和监督中的参与度。新兴媒体如门户网站、微博、微信,正日益成为社会公众参与对公益性单位监督的重要渠道。公益性国有企业的社会责任度和社会贡献力的提高,需要社会各界的全方位监督。

1.4.4　公益性国有企业应强化信息披露,实施高度透明的信息披露制度,以提高社会公众参与监督的力度。

公益性国有企业应实施高度透明的信息披露制度,而且这种信息公开应该上升到法律层次,即必须是强制性披露,以提高社会公众参与监督的力度。公益性国有企业的财务账目应该向社会公开,以促进企业经营效率的提升和资源配置的合理化,充分发挥公益性国有企业在政府为促进基本公共服务均等化和建设公共资源合理共享机制中的保障作用。公益性国有企业信息披露内容应涵盖内部财务控制体系制度、财政资金收支状况、社会责任履行状况、社会贡献力提升状况等,应建立健全企业门户网站,并以年报、半年报的形式公告企业财务收支状况,及时发布企业动态。对于大额财政资金项目,需要结合预算定期公告财政资金分配与结存情况,及时总结项目进展中的资金使用与预算执行情况。

1.4.5　公益性国有企业必须树立服务于社会公众的财务治理理念,保证财政资金真正用于满足公众需要。

公益性国有企业以服务民众为目标,具有公共性和公益性,在财务治理方面需要树立与该目标相适应的财务理念,将服务大众、增加社会福利作为该类国有企业的重要财务宗旨,保证财政资金真正用于满足公众的基本生产或生活需要,防止滥用或不合理使用财政资金。

1.5　高层管理者激励与评价

公益性国有企业的高层管理者是董事会决策的执行者。高层管理者的激励不是来自利润多少，而是来自政治地位的提升。高层管理者的薪酬应该等同于公务员待遇，其贡献应以成本控制水平和公众满意度作为评价标准。高层管理者要不断强化对公众的责任意识。

1.5.1　公益性国有企业高层管理者应由政府部门委派，具有相应的行政级别，可以竞争上岗。

公益性国有企业的目标不是利润最大化，而是为公众提供公共品，包括公共产品和公共服务。由于公共品的正外部性，使得民营企业没有提供公共品的动力。即使民营企业能够提供公共品，但由于民营企业以利润最大化为经营目标，使得企业在提供公共品的过程中过度追求利润，缺乏对公众的社会责任感。为保证公益性国有企业提供足够数量的、高质量的、安全的公共品，就应该对企业高管施以严格的约束，这决定了公益性国有企业的高管应当由政府监管机构委派，具有相应的行政级别。但政府委派的企业高管应该是可竞争的，即可以按照一定的标准进行选聘，以此实现企业高管的竞争上岗。

1.5.2　对公益性国有企业高层管理者贡献的评价应以成本控制水平和公众满意度作为主要标准。

公益性国有企业的经营目的在于满足公众对公共品的需求，而非利润最大化。因此，对公益性国有企业高管的贡献应以企业的成本控制水平和公众满意度作为主要标准。选择成本控制水平作为评价标准，是因为尽管公益性国有企业的目标不在于获得更多的利润，但需要在满足公众需求的前提下尽可能降低成本，减少财政压力。因此，能否有效控制成本水平，以最小的投入获得最大的产出，是评价公益性国有企业高管贡献的主要标准。选择公众满意度作为评价标准，是因为公众是公益性国有企业产出的最终使用者。因此,能否为公众提供数量足、质量优的公共品,满足公众对公共品数量与质量的需求,是评价公益性国有企业高管贡献的另一标准。

1.5.3 公益性国有企业高层管理者的激励不是来自薪酬,而是根据其贡献获得行政职务升迁或级别提高,即政治地位的提升。

由于公益性国有企业不以盈利为目的,其高管由政府监管机构委派,因此对高管的激励不是来自以现金、股票、期权为主要形式的薪酬,而是来自行政职务的升迁或行政级别的提高,也就是政治地位的提升。当然,由于公益性国有企业高管的薪酬与职位升迁或级别提高挂钩,因此职务升迁或级别提高也意味着薪酬的增加。

1.5.4 公益性国有企业高层管理者的薪酬待遇应与同等级别的公务员保持一致,并根据其贡献体现一定的差别。

公益性国有企业的高管由政府监管机构委派,并具有相应的行政级别,因此高管的薪酬待遇应与同等级别的公务员保持一致。不过,即使属于同等级别的企业高管,也应当根据高管的实际贡献而有所不同,以体现对高管行为的差异化评价。同时,还应当通过第三方审计、信息披露等途径,严格控制公益性国有企业高管的在职消费,避免高管通过在职消费实现自我补偿,或者虚增成本为自己谋利。

1.5.5 公益性国有企业高层管理者应定期或不定期接受董事会和公众的质询,以强化其对公众的责任意识。

由于公益性国有企业的经营目的是为公众提供社会基本公共产品和公共服务,而企业高管对于公共产品和公共服务的提供可能没有足够的动力,他们更多地依靠责任感来提供有质量保障的公共产品和公共服务。因此,应该强化公益性国有企业高管对公众的责任意识。具体地,应当建立公益性国有企业的董事会质询制度和公众质询制度。董事会应定期针对公共产品和公共服务提供的数量和质量,以及对企业的运营成本,对高层管理者进行质询,高管要对董事会的质询逐一回应,并提出改善承诺和整改措施。公众对企业高管的质询应当是全天候的,通过建立公众质询平台,公众直接对公益性国有企业提出质询。针对公众提出的合理质询,企业相关部门(如公共关系部门)应当及时做出应答,确保公众质询的问题得到切实解决。如果公众质询的问题没有得到解决,企业应给出合理的解释,以获得公众的理解。同时,公益性国有企业还应当定期向公众披露董事会质询和公众质询的解决情况。

1.6　社会责任

公益性国有企业存在的目的就是履行社会责任,而且这种社会责任是强制性责任,不以企业自身意愿为转移。企业应向公众提供安全可靠的公共产品和公共服务,并及时提交社会责任报告,以接受公众监督和质询。

1.6.1　**公益性国有企业的目标是尽最大努力维护社会稳定和和谐,履行社会责任是企业存在的唯一目的。**

公益性国有企业不以实现经济效益为目标,其主要使命是完成某项社会目标,是国家履行职能的一种手段。履行社会责任应是公益性国有企业存在的唯一目的。公益性国有企业提供的产品和服务包括公交、环卫、公共卫生、国防设施等,这些企业在社会运行中起着"支柱"性的作用,能否促进和维护社会稳定与和谐是衡量公益性国有企业成败的重要标准。

1.6.2　**公益性国有企业应平等地为社会公众提供公共产品和公共服务,其提供公共产品和公共服务的行为不是自愿性的,而是强制性的。**

公益性国有企业的目标是维护社会稳定与和谐,其实现目标的手段和形式是向社会公众提供公共产品和公共服务。由于向社会提供公共产品和公共服务不以追求经济利益最大化为目标,这可能会造成企业动力不足问题,从而影响到社会稳定与和谐目标的实现。但公益性国有企业的所有者是全体公众,企业享受国家政策上的支持,企业高管也拥有政治地位,因此国家应该通过强制性政策和措施,保证公益性国有企业向社会公众提供均等化的公共产品和公共服务。

1.6.3 公益性国有企业提供公共产品和公共服务原则上应该免费,如果收费,应该由具有充分代表性的公众来参与决策。

公益性国有企业的公益性主要表现在以下两个方面:其一,公益性国有企业能够为整个社会和全体人民带来正向的外部经济性。如政府投资修建公路能够降低运输成本,节约运输时间,促进公路沿线地区的经济发展。其二,公益性国有企业能够产生很大的社会效益。从小的方面说,它能够为人们的生活带来便利;从大的方面说,它能够维护国家安全,促进社会文明和进步。因此,公益性国有企业所提供的公共产品和公共服务应该以免费的方式提供给社会公众,这也是国际通行的做法。但由于各种复杂的原因,现实中的公益性国有企业可能难以做到全部免费提供公共产品和公共服务。如果不能免费提供,应该让具有充分代表性的公众来参与决定,使企业的"合理回报"得到社会公众的理解。

1.6.4 公益性国有企业应为公众提供高质量的公共产品和公共服务,不能以任何理由提供低劣产品和服务。

公益性国有企业存在的唯一目的是履行社会责任。但是,企业不赚钱可能没有足够的激励和意愿去履行社会责任,或者在履行社会责任时存在"水分"。因此,应该通过强制性制度安排和具有威慑力的惩罚措施,保证企业提供的公共产品和公共服务是安全可靠的,企业必须对其提供的产品和服务的安全性负法律责任,促使企业不能以任何理由提供低劣产品和服务。

1.6.5 公益性国有企业应向公众及时提供社会责任报告,自觉接受公众监督,随时接受公众质询。

公益性国有企业的所有者是全体公众,是依靠纳税人支撑的企业,因此社会公众既有权享受企业提供的公共产品和公共服务,也有权了解企业的经营情况,尤其是企业为社会公众提供服务的情况。企业也应该认识到履行社会责任是企业的宗旨所在。因此,公益性国有企业应及时提供社会责任报告,自觉接受公众监督,随时接受公众质询,并对公众的质询给予回应或提供解决方案。

1.7　法律与政府监管

公益性国有企业作为特殊法人应有专门的法律和监督制度，并有专门机构对其进行监管。法律应明确企业所有权属于公众，要赋予公众享有企业的决策权和监督权，并明确公众参与决策的范围和决策机制；政府应对企业的成本和必要的收费进行监管，并对可能的腐败和合谋侵害公众利益的行为制定切实的惩治措施。

1.7.1　公益性国有企业应由国家通过专门的法规和政策来规范，以特殊法人的形式经营；政府应出台相应的监管制度，以保证企业行为的规范性。

公益性国有企业由国家全额出资，向社会提供公共产品和公共服务，经营主旨是实现社会公共利益。因此，公益性国有企业不能像一般公司法人那样受公司法规范，应该根据专门的法律规范成立，以特殊法人的主体形式来运营。全国人大应制定专门的规范公益性国有企业的法律法规，地方各级人大可以根据全国人大制定的专门法，制定符合本地实际的专门法来规范本地公益性国有企业。不同类型的公益性国有企业应单独立法，以实现每个或每类公益性国有企业有一部专门的法律进行规范。

公益性国有企业是政府社会经济职能的延伸，是政府履行公共服务的有力工具。公益性国有企业的目标和业务范围应由政府决定。政府应该根据公益性国有企业专门法律，制定公益性国有企业的监管制度，监管制度应该涵盖公益性国有企业的人事、业务范围、事业计划、投资、财务预算和决算、劳动工资等方面，以保证公益性国有企业行为的规范性。

1.7.2　公益性国有企业应该有法定的政府监管机构，代表公众对企业进行监管，法律应明确政府监管机构的权力范围和责任。

国家应该通过立法，由政府设立专门机构对公益性国有企业进行监管，实行政府集中监管的模式。同时应强化各级人大在本级公益性国有企业中的监督作用。

公益性国有企业的政府监管机构是代表公众对企业进行监管,监管机构的权力来自法律的明确授权。比如,法律应赋予政府监管机构拥有任命企业高管的权力,以及企业高管职务晋升的表决权。政府监管机构不能超越法律授权范围干涉公益性国有企业的日常经营。

法律应该规定政府监管机构在对公益性国有企业进行监管时应承担的法律责任,对政府监管机构失职、渎职行为要有相应的惩治措施,以督促政府监管机构积极、合理地履行监管职能。法律应该确保公众有权对政府监管机构进行督促和质询。法律应该禁止政府监管机构的负责人到公益性国有企业担任高管(政府董事不属于企业高管,不在此列),以免影响政府监管机构对企业的监管。

1.7.3　法律应明确公益性国有企业的所有权属于公众,服务对象也是公众,要赋予公众享有对企业的决策权和监督权,要明确公众参与决策的范围和机制。

公益性国有企业由国家全额出资,本质上是公众出资。法律应该明确公益性国有企业所有权属于公众,禁止任何个人或机构利用企业资产牟取私利。法律应规定公益性国有企业要无条件、无差别地向社会提供公共产品和公共服务。法律应该为公众参与公益性国有企业决策提供法律依据和途径,以保证公益性国有企业在做出涉及公众利益的重大决策时能够体现公众意志。

法律应赋予公众对公益性国有企业的监督权,并明确公众行使监督权的机制和范围。公众的监督权应不仅仅限于对公益性国有企业提供的公共产品和公共服务上,还应体现在有权对公益性国有企业的高层管理者进行监督上。比如,公众有权获得公益性国有企业的成本、收益等方面的信息,对产品和服务质量有通畅表达意见的渠道。法律也应规定公众不得干扰公益性国有企业的正常经营。

法律应该为公众提供在决策权被剥夺和监督权失效时的救济方法,比如公众在一定情况下可以提请司法机关介入,以阻止公益性国有企业高层管理者侵害企业和公众利益。

1.7.4　政府应对公益性国有企业的成本进行监管；如果公众需付费消费公共产品和公共服务，政府应对收费进行监控，防止企业虚增成本或通过其他方式牟取不当利益；政府应建立企业不当收益归国家的机制。

政府监管机构应根据规范公益性国有企业的专门法律，制定相应的监管制度，以实施有效的监管。监管内容应包括服务标准、成本控制、收费额度和依据、资源配置、产品质量等，尤其是成本和收费，应高度透明。政府监管制度应该明确，公益性国有企业提供的公共产品和公共服务原则上应该免费，如果收费，企业应该提供充足的依据。

政府监管制度应该强调公益性国有企业成本控制的任务和责任，建立明确的奖惩措施。比如，对于完成成本控制目标的企业高管给予提薪或升职的奖励；对于没有完成成本控制任务的高管采取降薪或免职等惩罚措施。

政府监管机构应该建立对公益性国有企业的收费监控制度，严格限制公益性国有企业的收费权限。政府应该建立对公益性国有企业产品和服务收费的审查机制，防止企业通过虚增成本或者其他方式牟取不当利益。政府应建立对公益性国有企业已经获得的不当利益的追缴机制，将不当利益收归国家或者返还给社会公众。

1.7.5　法律应能够有效处理公益性国有企业可能发生的腐败问题，应明确企业高层管理者因腐败所需承担的法律责任。

国有企业腐败是指国有企业的工作人员滥用国有企业经营管理权为自己或利益相关者牟取私利，进而导致公共利益受损的行为。国有企业腐败主要表现为管理层过度消费、超越权限擅自决策、利用财务作假私设小金库，以及利用国有资源为他人牟取不当利益等。

政府应该根据刑法和公益性国有企业专门法律，制定防范公益性国有企业发生腐败的法律，应要求公益性国有企业在内部建立有效的反腐机制，对发生腐败的公益性国有企业要有相应的追责机制。政府也可以委派纪检人员进驻公益性国有企业，应该明确纪检人员的唯一目的是监督和反腐，纪检人员不得兼任企业高层管理者。

法律应该明确公益性国有企业高层管理者因腐败所需承担的法律责

任。高层管理者因腐败构成犯罪的,要承担相应的刑事责任;对于实施了腐败行为但没有构成刑事责任的企业高层管理者也应有明确的法律责任,比如免职,或者禁止再次担任国有企业的高层管理职位。法律还应该确定公益性国有企业高管离职审查机制。

1.7.6 **法律应能够有效处理监管机构与企业合谋侵害公众利益的行为,应明确监管机构和企业因合谋侵害公众利益而各自承担的法律责任。**

政府监管机构与公益性国有企业联系密切,容易形成利益共同体,即出现合谋行为。合谋行为能够为合谋者带来巨大利益,但严重侵害社会公众的利益。法律应建立预防政府监管机构与企业合谋侵害公众利益的机制,要防止把监管权力变成政府监管机构创租和企业寻租的工具,应明确合谋侵害公众利益所要承担的法律责任。对已经合谋侵害公众利益并造成不良后果的,应根据相关法律法规追究合谋者的法律责任。

第2章　自然垄断性国有企业公司治理指引注释

2.1　自然垄断性国有企业的性质

自然垄断性国有企业以提供准公共品为宗旨，其最大特征是规模经济性和成本递减性，应以收支平衡为基本经营原则，以满足公众的最大化基本需求。

2.1.1　自然垄断性国有企业不以盈利为目的，其作用是提供准公共产品和准公共服务，以满足公众的基本生活需求，实现社会的和谐和稳定。

自然垄断国有企业提供产品或服务需要通过管线运输方式来实现，如输电、管道燃气、自来水、铁路运输、水利基础设施、热力供应等，其典型特征是规模报酬递增性和成本递减性。这类产品或服务属于准公共品，需求具有刚性，如果对生产者不加限制，为追求最大利润，其产量可能太少，而价格会太高，这对社会福利而言是不利的，因此通行的原则就是由国家来垄断经营，以保证公众的基本生活需求，实现社会的和谐和稳定。由于国家垄断经营该类准公共品的目的是提高产出，限制价格，满足公众福利最大化，因此这种垄断属于合理垄断。

2.1.2　自然垄断性国有企业应设置为国有独资企业，不应推动股权多元化和在资本市场上市经营，以保证企业不因追求盈利而损害公众利益。

自然垄断性国有企业提供准公共品，应该设置为国有独资企业。如果允许民营资本进入，推动股权多元化，甚至在资本市场上市，则民营资本的逐利动机必然导致企业压产提价,使公众的基本生活需要得不到满足,或者只能在高成本下满意,公众利益因企业的逐利行为受到侵害。如果多家企业同时经营,则因背离自然垄断的属性而导致社会成本上升,最终仍使公众利益受损。

2.1.3 自然垄断性国有企业的产品和服务应由政府定价,基于规模经济性和成本递减性,企业应以平均成本定价,即企业以盈亏平衡作为经营原则。

自然垄断行业的典型特征是规模报酬递增性和成本递减性,基于这种特征,其产品或服务应该按边际成本来定价。为了既最大程度地提高社会福利,又保证企业不至于亏损,一般采用平均成本定价,按此定价方法,企业不赔不赚,通过收支平衡来保证实现社会福利的极大化。而如果由私人资本控制,则产品或服务的数量很可能被压缩,而价格则很可能会大幅度上升,最终影响消费者福利的提高。因此,这类企业的定价应该由政府决定,政府定价的原则是在科学的成本核算的前提下实现收支平衡,不盈不亏。

2.2 所有者权益保护

国家和自然垄断性国有企业应该承认社会公众作为所有者的权利;确保他们得到公平对待并平等获得企业信息;承认其对社会公众的责任,报告其与社会公众的关系,提供公众参与决策的各种便利,树立服务于公众的理念;如果追求一定的经济目标,应该说明其对公众福利的影响,并得到公众的认可和理解。

2.2.1 自然垄断性国有企业应该确保作为所有者的社会公众得到平等对待。如果对不同群体存在差别待遇(如对不同消费者存在价格差异),应该告知理由并得到消费者理解。

自然垄断性国有企业应该体现社会公众的利益,并认可他们对国有企业资产的权利。自然垄断性国有企业应该保证社会公众的利益不被直接或间接地侵害,并且建立有效的惩治机制,以避免可能的侵害。如果对不同群体存在差别待遇(如对不同消费者存在价格差异),应该告知充分理由并得到消费者理解。

国家作为自然垄断性国有企业的独立出资者,能够决定董事会的组成。政府处于支配地位,应该保证不能滥用权力,例如不应该迫使企业追求损害社会公众利益的目标。滥用权力的表现为:不适当的关联交易、带有主观性的业务决策,以及为了某些特殊集团利益而改变企业资产结构或实施价格差异。应该采取的措施包括加强信息透露、明确董事会成员责任等。

自然垄断性国有企业应该制定关于公平对待社会公众的指导方针,确保企业,特别是其董事会充分认识到与社会公众关系的重要性,并且积极增强这种关系。

2.2.2　自然垄断性国有企业应该对社会公众高度透明,使公众对企业提供的准公共产品和准公共服务能够完全认知。

自然垄断性国有企业保护社会公众利益的一个关键条件是确保高度透明,并使公众对企业提供的准公共产品和准公共服务能够完全认知,使公众充分了解准公共产品和准公共服务的性质和使用规则。社会公众应该能够接触所有必要的信息。同时,国家作为独立出资者,不应以其特殊的地位优势,对所获得的信息进行滥用。无论关于信息披露的法律和规则框架的质量和完整性如何,自然垄断性国有企业都应该建立起保证社会公众能便利、公平、低成本地获取信息的机制和程序。企业的任何协议,包括覆盖董事会成员的信息协议,都应该予以披露。

2.2.3　自然垄断性国有企业应该保证社会公众享有消费准公共产品和准公共服务的权利,不能人为地施以限制。

自然垄断性国有企业以提供高质量的、安全的准公共产品和准公共服务为目标,而且应该保证社会公众享有消费准公共产品和准公共服务的权利,不能为了企业自身或其他集团的特殊利益,而对公众消费施以人为限制。自然垄断性国有企业应该制定保证社会公众平等、公平享有准公共产品和准公共服务的权利的政策和措施。对于公众的这项权利,企业应该通过信息披露使社会公众知晓。

2.2.4 自然垄断性国有企业应该制定与社会公众进行交流和征求意见的积极政策,并多方面听取和吸纳公众意见,对公众意见和诉求及时做出回应。

自然垄断性国有企业应该及时以方便的方式,让社会公众对重要事件、重要会议和重要决策及时知情,并应该向他们提供所要决策的议题的充足信息。确保企业履行对社会公众发布信息的义务,是自然垄断性国有企业董事会的责任。自然垄断性国有企业不仅应该利用已经存在的法律和规则框架,而且在框架之外,还应该鼓励企业建立信用和信心机制,多方面听取公众意见,并对公众意见和诉求及时做出回应。与社会公众的积极协商和交流,有助于改进决策过程和社会公众对关键决策的认可。

2.2.5 自然垄断性国有企业应该为社会公众参与重大决策(如重大投资、预算制定、成本控制等)提供便利,确保其参与决策的权利,以保证公众对重大决策能够充分理解。

自然垄断性国有企业应该让社会公众消除疑虑,保证对他们的利益予以考虑。参与重大决策过程是社会公众最基本的权利,要保证公众对重大决策,尤其是直接影响公众利益的重大决策的充分理解。为鼓励社会公众积极参与自然垄断性国有企业的重大决策过程,并便于他们行使权利,企业可以采用便利的缺席投票或推广使用电子投票,以降低参与成本。重要的是,保护社会公众权益的任何特殊机制,都必须仔细权衡。它既应该充分体现公平对待社会公众的理念,也不会妨碍国家的利益,同时需要防止社会公众在没有道理或无根据的情况下阻碍决策程序。

2.2.6 自然垄断性国有企业应该明确其社会公共目标,并让社会公众知晓该目标,充分报告企业与社会公众的关系。

自然垄断性国有企业应该充分报告企业与社会公众的关系,只有这样,企业才能证明它们要透明经营的意愿和对社会公众的承诺。充分报告可以增强公众信任并改善企业的声誉，因此，自然垄断性国有企业应该明确其社会公共目标，并使社会公众充分知晓这一目标。这本身也应该是自然垄断性国有企业奉行社会公共目标或者履行普遍服务义务的体现，但同时应该适当注意与企业规模相称的费用。当企业在社会或环境政策上有特殊目标时，应该向社会公众充分报告和披露。应鼓励自然垄断性国有企业委托第三方机构，对其向社会公众披露的报告进行独立检查，以增强其可信度。

2.2.7 自然垄断性国有企业不存在经济目标，如果追求一定的经济目标，应该说明该目标对公众福利的影响，并得到公众的认可和理解。

自然垄断性国有企业的定价原则是不盈不亏，实现收支平衡，因此不存在经济目标。政府应该向社会公众传递这一信息。如果自然垄断性国有企业追求一定的经济目标，应通过交流、沟通、披露等方式，向社会公众充分说明追求经济目标的原因及实现情况，说明该目标对社会公共目标和公众福利的影响。对于经济目标的追求，应得到社会公众的认可和理解，对于社会公众存在的质疑和询问，应给予解释。自然垄断性国有企业不应该在不告知社会公众或未得到社会公众理解的情况下，强硬追求一定的经济目标。

2.2.8 自然垄断性国有企业党委会应该制定、实施和传达符合规程的内部道德准则，引导企业始终保持正确的发展方向，树立服务于公众的正确理念。

自然垄断性国有企业党委会制定和实施高尚的道德标准，是对企业日常经营和对公众承诺进行信用保障的一种措施，符合任何一个企业的长远利益。对于自然垄断性国有企业，由于需要尽可能满足社会公共目标上的考虑，而弱化商业上的考虑，因此会产生更多压力，从而可能背离高尚的道德标准。

自然垄断性国有企业的全体员工，包括董事、高级经理和普通职员，应当以高尚的道德标准要求自己。企业应该建立内部道德准则，并承诺他们须自觉遵守。道德准则应该引导企业始终保持正确的发展方向，树立服务于公众的正确理念，并应用于整个自然垄断性国有企业及其附属机构。对于建立全体员工的行为规范和守法标准，道德准则应该给予清楚和详细的指导。为了使道德准则与全体员工和社会公众挂钩，制定过程应该保证社会公众的共同参与。

道德准则应该包括维护社会公众利益的特殊机制，应该包括企业员工能够报告违法或违反道德准则行为的程序。自然垄断性国有企业也应当确保员工(无论是个人还是通过他们的代表机构)的投诉得到充分的回应。自然垄断性国有企业的董事会可以准许公众和员工，或他们的代表，直接或间接地接触董事会中的独立董事或企业内部专门调查舞弊和听取批评意见的人员。道德准则还应该包括当投诉被发现是没有道理和事实上无意义、无根据时，所采取的纪律措施。

2.3 董事会治理

自然垄断性国有企业董事会成员应由政府基于公共政策目标而向社会公开选聘，并尊重董事会的独立性。董事会中应有足够数量的、具有独立判断能力和相关行业知识的、关心公众利益的独立董事。董事会应该对企业可能存在的经济目标对公众的影响做出评估并反馈给公众。董事会本着对公众利益负责的态度，定期向公众发布董事会报告，并接受公众质询，对公众意见及时做出回应。董事会应该有规范的、具有法律效力的董事会议事规则。

2.3.1 自然垄断性国有企业应当建立董事会并尊重其独立性，但政府作为公众利益代表对董事会有监督权，应该对监督权的范围做出界定。

董事会是企业所有者与经营者之间联系的纽带。在自然垄断性国有企业中，董事会需要统筹协调公众(所有者和消费者)、高层管理者和职工之间的利益关系。在自然垄断性国有企业中建立董事会制度的必要性体现在：第一，自然垄断性国有企业作为国有独资企业，最终所有者是全体公众，董事会是全体公众在企业中的代理人，它需要服务于全体公众并满足公众的合理诉求;第二,董事会制度能有效分离企业的决策层与执行层,减少公众与企业管理层之间因可能的利益冲突所产生的代理问题,董事会代表全体公众的利益并负责战略决策和对决策执行的监督,企业管理层负责决策的执行;第三,董事会成员背景的多样性可以为决策提供不同视角的和专业的意见,从而提高决策的科学性。

自然垄断性国有企业董事会在尊重公众利益的前提下应具有独立性,董事会应对自己的独立决策负责。但政府作为公众利益代表对董事会有监督权,公众也有直接的或间接的监督权。对于涉及妨碍甚至损害公众利益的重大决策,政府应积极介入调查,并责成董事会在征询公众意见的基础上做出修改并公布。

2.3.2　自然垄断性国有企业董事成员由政府监管机构向社会公开招聘并进行委派和考核,考核标准是公众利益诉求落实,以及成本控制和安全保障情况。

董事会是全体公众在企业中的代理人,这就决定了董事应该由代表公众利益的政府国有资产监管机构进行提名和选聘,以保证公众利益得到尊重和实现。为了保证董事的任职资格和来源能够满足公众的利益诉求,董事成员的选聘标准应该公开透明,且应该面向社会公开招聘。选聘的董事应该是关心公众利益、愿意为公众服务,并具备自然垄断领域业务知识的社会人士。为了满足公众诉求,董事被选聘后应由政府国有资产监管机构对其进行委派和考核,考核标准是公众利益诉求落实,以及成本控制和安全保障情况。

2.3.3　自然垄断性国有企业董事会中应有足够数量的、具有行业和相关业务知识的、具备独立判断能力的、关心公众利益的独立董事。

自然垄断性国有企业采用平均成本定价,应该在控制成本和盈亏平衡的前提下实现国民福利的最大化,其董事会构成应该体现这种利益诉求,即应该有足够数量的独立董事来代表公众的这种诉求。独立董事应该充分代表公众利益,监督管理层为公众利益最大化服务。为了保证独立董事工作的效果和效率,独立董事应该是能够客观公正地代表公众利益并具备相关行业业务知识的社会人士。独立董事应该在产品定价、成本控制等决策中发表独立意见并充分维护公众利益。为了实现公众利益,董事会中独立董事的数量应该超过一半,董事长和总经理应该分任,可以由独立董事担任董事长。在内部人担任董事长的企业中,可以建立由独立董事担任首席董事的制衡制度,首席董事作为董事会中独立董事的牵头人,主持召开没有管理层参与的独立会议,会后应就会议意见与内部董事(管理层)充分沟通并力求达成一致。

2.3.4 自然垄断性国有企业董事会应设立与公共政策目标相关的专门委员会,如审计委员会、成本控制委员会、风险管理委员会、安全控制委员会等,专门委员会中独立董事占多数并由独立董事担任召集人。

自然垄断性国有企业采用平均成本定价,通过收支平衡来保证社会福利最大化,核心是成本费用控制以及产品和服务的安全。董事会应当设立成本控制委员会、风险管理委员会、审计委员会、安全控制委员会等专门委员会作为董事会的专门工作机构,为董事会决策提供咨询和建议,并制定相应的专门委员会议事规则,规范专门委员会的运行。董事会专门委员会中独立董事应占多数并由独立董事担任召集人,其中成本控制委员会召集人应该由具有财务背景的独立董事担任。根据企业实际情况,经董事会通过,董事会也可以设立其他专门委员会并规定其职责。当董事会专门委员会设立时,其人员任命、构成和工作程序应该定义明确并由董事会公告。

2.3.5 自然垄断性国有企业董事会接受公众委托,对公众利益负责。

自然垄断性国有企业的最终出资人是全体公众,董事会是全体公众的代理人,董事会接受公众委托,应对公众利益负责,确保企业在控制成本、盈亏平衡的基础上实现公众利益最大化。应建立董事责任制度及与之相关的董事考核制度,在董事责任和考核制度中,公众利益诉求应置于核心位置,以保证董事充分代表公众利益。

2.3.6 自然垄断性国有企业董事会根据政府制定的公共政策目标,履行战略制定和监督管理层的职能。如果赋予一定的经济目标,董事会必须制定独立的评价体系,评估其对公众利益的影响并及时向公众反馈。

对于自然垄断性国有企业,政府应该制定基于平均成本定价前提下的公众利益最大化的公共政策目标。企业董事会应该基于政府的公共政策目标,负责战略制定并对管理层的战略执行过程进行监督。在制定企业发展战略的职能行使方面,董事会应通过网络、现场听证会等各种方式征询公众意见,并及时发布公众意见征询情况报告,以保证公众在关系公众利益的重大决策中的参与权和知情权。在监督管理层的职能行使方面,董事会应当采取直接监督和间接监督并用的方式,通过公开、透明、充分的信息披露让公众共同参与监督,并接受社会评价。

由于实现盈亏平衡的复杂性,自然垄断性国有企业也可能被赋予一定的盈利性经济目标,为防止企业利用垄断地位过度追求盈利而损害社会和公众利益,董事会必须制定独立的评价体系,评估企业在价格制定、成本控制、收入分配、资源配置等方面的效率与公平性,评估企业盈利对公众利益的影响,并通过完整、透明的信息披露体系及时向公众反馈。

2.3.7　自然垄断性国有企业应明确董事会与党委会的关系,二者职责要明晰,并披露交叉任职和分工情况。

董事会主要负责企业战略制定和对管理层的监督,党委会主要负责党政工作和干部任命,二者工作虽然各有侧重,但在参与企业重大决策上,特别是“三重一大”(重大决策、重要人事任免、重大项目安排、大额资金运作)事项上,二者工作又有交叉。自然垄断性国有企业董事会必须明确董事会和党委会的职责和分工,明确二者各自的决策范围和事项,以及必须由二者共同决策的范围和事项,并向公众进行充分披露。董事会和党委会成员可以通过“双向进入、交叉任职”的方式实现共同决策,以减少决策冲突。交叉任职情况必须向公众进行充分披露,以防止可能发生侵害公众利益的行为。

2.3.8　自然垄断性国有企业董事会应定期向监管机构提交董事会报告,并向公众公布。

自然垄断性国有企业董事会应落实年度评估制度,以评价自身履行职责的情况,董事会应根据政府国有资产监管机构的要求定期编写并提交董事会报告。董事会报告的主要内容应包括现有董事会人员构成、董事出席会议情况、董事会会议决策情况、专门委员会会议决策情况、董事履职情况，履职过程中存在的问题以及相应的改进措施。董事会报告在提交监管机构的同时，要向公众公布，以保障公众的知情权和监督权。

2.3.9 自然垄断性国有企业董事会应定期、不定期地接受公众的质询和建议，对公众意见和诉求要及时做出回应。

自然垄断性国有企业董事会应该制定与公众进行交流和征求意见的积极政策，并应建立对公众的反馈和交流平台，如通过网络、电话、现场接待等方式，定期、不定期地接受公众的质询和建议，以满足公众利益诉求，保障公众的知情权和监督权。对于公众提出的合理意见和诉求，董事会应及时做出回应，并将公众意见反馈结果向公众公布。

2.3.10 自然垄断性国有企业董事会应建立规范的、具有法律效力的董事会议事规则，定期召开董事会会议并建立董事会备忘录制度。

自然垄断性国有企业董事会应制定规范的、具有法律效力的董事会议事规则，以确保董事会高效运作和科学决策，并使董事对自己的履职行为负责。董事会议事规则主要内容包括：(1) 董事会的职责与权限，应明确董事会议事的范围；(2) 董事会议事的程序，包括材料的准备、会议通知、委托代理、表决机制等，并强调董事会在进行重大决策前须先向公众征求意见，以保证董事会在汇总公众意见并进行充分讨论的基础上做出符合公众利益的最终决策；(3) 董事、董事长议事的权利、义务和责任。另外，应当建立董事会备忘录制度。董事会备忘录应完整、真实，董事会秘书对会议所议事项要认真做好记录和整理，出席会议的董事、董事会秘书应在会议记录上签名，董事会会议记录应作为企业重要档案妥善保存，以作为日后明确董事责任、承担或免除责任的重要法律依据。

2.3.11 自然垄断性国有企业董事会中的非高管董事的薪酬应分类确定，政府董事应设为外部董事，其薪酬应参照对应的公务员标准确定；独立董事不享受薪酬待遇，其在任职企业获取的收入主要是车马费和少量津贴，以保证其独立性。

自然垄断性国有企业董事会应由三类人员构成，分别是政府董事、独立董事和高管董事，他们的来源不同，职责不同，薪酬也应不同。其中，政府董事由政府委派,代表出资人或公众的利益。为保证政府监督的独立性,政府董事应为外部董事,其薪酬参照同级公务员标准确定,并根据其贡献给一定的奖励。独立董事应是财务、法律以及自然垄断领域的专业人士,由政府从社会公开招聘。为保证独立董事的独立性,独立董事在任职企业不享受薪酬待遇,其作为独立董事酬劳的补偿应是车马费和少量津贴。对独立董事的激励不是来自薪酬,而是声誉。为保证声誉机制能够发挥作用,应该建立独立董事声誉机制,这种声誉机制要能够反映独立董事的能力和诚信,并有惩戒作用。独立董事也可以考虑从职业化的经理人市场中选择。

2.4　财务治理与信息披露

自然垄断性国有企业应明确财权配置,加强财务控制;应强化信息透明,尤其要详细披露成本构成,说明盈亏原因以及盈利分配和弥补亏损方案,防止企业借垄断地位牟取不当利益;应强化政府、社会审计和公众对企业财务治理的监督力度,保证国有资产有效配置,努力实现盈亏平衡,保证国有资产投资真正地服务于公众。

2.4.1　自然垄断性国有企业应强化和明确财权配置,防止企业借垄断地位牟取不当利益或侵害公众利益。

对于自然垄断性国有企业,政府必须通过规制政策,使经营者站在国民福利最大化的立场上来经营这类企业,而不是借助行政垄断把消费者剩余最大限度地转化成生产者剩余。应强化和明确自然垄断性国有企业的财权配置,尤其应强化社会公众对企业拥有最终所有权并享有相应的权利。重大资金筹措、重大项目需经专家论证和行政审批,并向公众公示。重点资金收支应纳入全面预算管理,并给予相应的财权限制。通过完善财权设置,防止自然垄断性国有企业借优势地位以显性或隐性方式侵害公众权益。

2.4.2 自然垄断性国有企业应加强财务控制，应强制性披露盈亏明细和资产占用明细，以保证国有资产的有效配置，尽可能实现盈亏平衡。

自然垄断性国有企业的财务控制应予强化。应引入科学的内部控制体系，加强对内部财务决策权的制约。应强制自然垄断性国有企业定期公布企业盈亏明细状况，全面披露企业总体利润结构、部门利润构成、地区利润来源、产品毛利状况，以及企业总体、部门、地区和产品的资金占用，明确企业总体及内部各单位的资源占用及利用效率，明晰责任。将不同部门的盈亏和资本占用状况进行分析，作为各部门考核的依据。应确保国有资产的有效配置，不应强调企业盈利，应在加强成本控制的前提下尽可能实现盈亏平衡，以防止公众利益向企业转移。

2.4.3 自然垄断性国有企业应详细披露企业的成本构成，并做出充分说明。

自然垄断性国有企业应详细披露在产品生产、服务提供、经营管理以及高管薪酬方面的成本构成与控制情况。应采用年报或半年报方式定期披露企业在采购方案、采购定价、生产加工、服务提供过程中的主要成本项目以及管理费用明细。应加强公众对企业高管薪酬等支出的监督，定期向社会公开高管薪酬，而且披露的内容应完整、准确、及时，不仅要公布薪酬总额，还要公布薪酬构成，以利于社会公众的监督。

应加强对自然垄断性国有企业的有效的行业监管，包括价格、服务标准、成本控制、收入分配、资源配置和行业限制，提高透明度，防止企业利用垄断地位损害社会公众的利益，以使企业实现为社会服务和企业持续发展的双重目标。

2.4.4 自然垄断性国有企业如果获得盈利，应详细说明盈利原因和分配方案；如果亏损，应详细说明亏损原因和弥补亏损方案。

基于自然垄断性国有企业具有规模报酬递增、成本递减、产品具有准公共性、公众需求具有刚性的特征，企业应力求实现收支平衡，而不应追求盈利。应认识到，自然垄断性国有企业追求盈利的本质是公众利益向企业的转移，是对公众利益的侵害。但由于实现盈亏平衡的复杂性，企业有一定盈利也属正常。如果有盈利,企业应从定价机制、成本构成等方面详细说明企业盈利的原因,并给出明确的分配方案;如不分配,则需详细披露未来三年资金预算及生产支出规划。如果出现亏损,应详细说明亏损原因和亏损弥补方案,并公布专业审计机构的审计意见,防止企业蓄意做账亏损以寻求财政补贴。

2.4.5 自然垄断性国有企业在寻求政府财政补贴时,应披露企业合理成本控制前提下的财政补贴方案。

自然垄断性国有企业大多是大型企业,组织架构和业务形式极为复杂,由此造成政府很难考察和评价企业真实的经营状况,也难以杜绝企业争取财政补贴的寻租行为出现。低效的财政补贴方案不利于企业经营中的成本控制,加上原本存在的预算软约束,更不利于企业经营效率提升。因此,政府应强制自然垄断性国有企业披露合理成本控制下的财政补贴方案。接受财政补贴的自然垄断性国有企业,应详细披露其成本控制方案设计及其合理性,以及财政补贴的资金预算明细,以接受社会公众的监督。

2.4.6 应加强政府和社会审计在自然垄断性国有企业中的监督职能,并强化公众在社会审计中的参与度。

政府管理部门应采用政府审计、专项检查、第三方独立评价等社会或外部监管措施,对自然垄断性国有企业提供的产品和服务的成本进行认证,以控制成本摊销,合理核定费用。审计人员在对自然垄断性国有企业进行效益评价时,应充分考虑既定成本下企业创造的社会效益,经济效益应立足于盈亏平衡,不应突出盈利,以避免刺激企业过度追求盈利而侵害公众利益。在实施企业效益审计时,应选择适合每个企业具体情况的评价标准,以保证审计结果的客观公正。

应强化社会公众、大众传媒尤其是新兴媒体在社会审计和监督中的参与度。新兴媒体如门户网站、微博、微信等,正日益成为社会公众参与监督的重要渠道。自然垄断性国有企业中国有资产的优化配置,以及其对社会公众的责任,需要加强来自社会各界的全方位监督。

2.4.7 自然垄断性国有企业应实施高度透明的信息披露制度，以提高社会公众参与监督的力度。

自然垄断性国有企业应实施高度透明的信息披露制度，而且这种信息公开应该上升到法律层次，即必须是强制性披露，以提高社会公众参与监督的力度。自然垄断性国有企业的财务账目应该向社会公开，以促进企业经营效率的提升和资源配置的合理化，充分发挥自然垄断性国有企业在优化国有资产配置，提升国民福利中的保障作用。自然垄断性国有企业信息披露内容应涵盖内部财务控制体系制度、财务收支状况、社会责任履行状况、社会贡献力提升状况等，应建立健全企业门户网站，并以年报、半年报的形式公告盈亏状况，及时发布企业动态。

2.5 高层管理者激励与评价

自然垄断性国有企业的高层管理者是董事会决策的执行者。高层管理者的激励不是来自利润多少，而是来自政治地位的提升。高层管理者的薪酬应该等同于公务员待遇，其贡献应以成本控制水平和公众满意度作为评价标准。高层管理者要不断强化对公众的责任意识。

2.5.1 自然垄断性国有企业高层管理者应由政府部门委派，具有相应的行政级别，可以竞争上岗。

自然垄断性国有企业提供的产品和服务属于准公共品，具有规模报酬递增、成本递减、需求刚性的特征。自然垄断性国有企业的经营目标不是利润最大化，而是在盈亏平衡的前提下实现公众福利的最大化。由于自然垄断性国有企业不以盈利为目的，民营企业不愿意进入，国有企业高管也可能缺乏动力，因此自然垄断性国有企业不能从市场选聘职业经理人，而应由政府监管机构委派，使其具有相应的行政级别。政府监管机构选择企业高管可以采取公开招聘、竞争上岗的方式，以找到适合自然垄断性国有企业发展，对社会公众有责任意识，并具有经营能力以保证企业实现盈亏平衡的高层管理者。

2.5.2　对自然垄断性国有企业高层管理者贡献的评价应主要以成本控制水平和公众满意度作为标准。

自然垄断性国有企业的经营目的在于满足社会公众对准公共品的需求,同时不至于亏损。因此,对自然垄断性国有企业高管贡献的评价应以企业的成本控制水平、技术水平和公众满意度作为标准。选择成本控制水平作为评价标准,是因为尽管自然垄断性国有企业的目标不在于获得更多利润,但要在满足公众需求的前提下尽可能降低成本,保证不亏损。因此,能否有效控制成本水平,以最小的投入获得最大的产出,是评价自然垄断性国有企业高管绩效的主要标准。选择技术水平作为评价标准,是因为它与成本控制密切相关,也可以为公众提供高质量的产品。选择公众满意度作为评价标准,是因为公众是自然垄断性国有企业产品的最终使用者。因此,能否为公众提供数量足、质量优的准公共品,满足公众对准公共品在数量与质量两个方面的需求,是评价自然垄断性国有企业高管绩效的另一标准。

2.5.3　自然垄断性国有企业高层管理者的激励不是来自薪酬,而是根据其贡献获得行政职务升迁或级别提高,即政治地位的提升。

由于自然垄断性国有企业以实现盈亏平衡为目的,不以盈利为目的,其高管由政府监管机构委派,因此对高管的激励不是来自以现金、股票、期权为主要形式的薪酬,而是来自行政职务或级别的升迁,也就是政治地位的提升。当然,由于自然垄断性国有企业高管的薪酬与职位升迁或级别提高挂钩,因此职务升迁或级别提高也意味着薪酬的增加。

2.5.4　自然垄断性国有企业高层管理者的薪酬待遇应与同等级别的公务员保持一致,并根据其贡献体现一定的差别。

自然垄断性国有企业的高管由政府部门委派,并具有相应的行政级别,因此高管的薪酬待遇应与同等级别的公务员保持一致。不过,即使属于同等级别的企业高管,也应当根据高管的实际贡献而有所不同,以体现出对高管业绩的差异化评价。实际贡献的评价范围既包括准公共品的均等化提供,又包括企业的亏损水平。同时,还应当通过第三方审计、信息披露等途径，严格控制企业高管的在职消费，避免高管通过在职消费实现自我补偿，或者虚增成本为自己牟利。

2.5.5 自然垄断性国有企业高层管理者应定期、不定期接受董事会和公众的质询，以强化其对公众的责任意识。

自然垄断性国有企业提供的产品和服务属于准公共品，高管更多地依靠责任感来提供有质量保障的准公共品。因此，应强化自然垄断性国有企业高管对公众的责任意识。具体地，应当建立自然垄断性国有企业的董事会质询制度和公众质询制度，质询内容应包括成本构成、准公共品的均等化提供，以及高管的职务消费等。董事会应定期针对准公共品提供的数量和质量，以及对企业的运营成本，对高管进行质询，高管要对董事会的质询逐一回应，并提出改善承诺和整改措施。公众对企业高管的质询应当是全天候的，通过建立公众质询平台，公众直接对准公共品的提供提出质询。针对公众提出的合理质询，企业相关部门（如公共关系部门）应当及时做出应答，确保公众质询的问题得到切实解决。如果公众质询的问题没有得到解决，企业应给出合理的解释，以获得公众的理解。同时，自然垄断性国有企业还应当定期向公众披露董事会质询和公众质询的解决情况。

2.6 社会责任

自然垄断性国有企业的主要目标是提供准公共产品和服务，以满足公众基本需求，保证社会有序和健康发展。其提供准公共产品和服务的行为是强制性责任，不以企业自身意愿为转移。企业应向公众提供高质量的、安全可靠的准公共产品和服务，并及时提交社会责任报告，以接受公众监督和质询。

2.6.1 自然垄断性国有企业的主要目标是满足公众基本需求，保证社会有序和健康发展。

自然垄断性国有企业向社会公众提供准公共品，具有规模报酬递增、成本递减、需求刚性的特征，这决定了这类企业不以追求盈利为目的，而是在合理成本控制下，通过盈亏平衡来实现公众福利的最大化。自然垄断性国有企业提供的产品和服务包括管道燃气、自来水、输电、铁路客运等，这些产品和服务均是公众的基本生活所需，提供这些产品和服务对于维持国家的稳定和和谐具有重要作用。

2.6.2　**自然垄断性国有企业应平等地为社会公众提供准公共产品和服务，其提供准公共产品和服务的行为不是自愿性的，而是强制性的。**

自然垄断性国有企业提供准公共品，满足公众基本需求，只谋求盈亏平衡而不追求盈利，这可能会造成企业动力不足等问题，进而造成提供的准公共品难以满足公众需要。但自然垄断性国有企业的所有者是全体公众，企业享受国家政策上的支持，高管也拥有政治地位，因此国家应该通过强制性政策和措施，保证自然垄断性国有企业向社会公众提供足量的、高质量的准公共产品和准公共服务。

2.6.3　**自然垄断性国有企业不以盈利为目的，应以盈亏平衡作为定价策略，保证企业在不亏损的条件下，实现公众福利的最大化。**

由于自然垄断性国有企业具有规模报酬递增、成本递减的特征，因此国际通行的做法是按平均成本定价，即以盈亏平衡作为企业的定价策略，按此定价策略，企业不盈不亏，一方面可以实现公众福利的最大化，另一方面企业又不会亏损。不过，平均成本定价并不意味着企业没有利润，只是它所获取的是正常利润，而不是超额利润。正常利润是计入成本的，而超额利润属于企业的盈利。由于自然垄断性国有企业提供的准公共品是公众日常生活之必须，需求具有刚性，因此追求公众福利最大化是企业的首要目标。

2.6.4　**自然垄断性国有企业应为公众提供高质量的准公共产品和准公共服务，不能以任何理由提供低劣产品和服务。**

自然垄断性国有企业提供的准公共品与公众的生活息息相关，而且需求具有刚性，因此企业提供的准公共品必须是高质量的和安全可靠的。但由于企业不能以盈利最大化为目的，企业可能没有足够的激励和意愿来提供高质量的准公共品,或者在提供准公共品时存在“水分”,因此应该通过强制性制度安排和具有威慑力的惩罚措施,保证企业提供数量充足的、高质量的准公共品,企业必须对其提供的产品和服务的安全性负法律责任,促进企业不能以任何理由提供低劣产品和服务。

2.6.5 自然垄断性国有企业应及时向公众提供完整的社会责任报告,自觉接受公众监督,随时接受公众质询。

自然垄断性国有企业的所有者是全体公众,因此公众既有权了解企业提供的准公共品的质量和安全性,也有权了解企业的经营情况,尤其是其成本控制和盈亏情况。企业也应该认识到追求公众福利最大化是企业的宗旨所在。因此,自然垄断性国有企业应及时提供社会责任报告,自觉接受公众监督,随时接受公众质询,并对公众的质询给予回应或提供解决方案。

2.7 法律与政府监管

自然垄断性国有企业应有专门的法律和监督制度,并有专门机构对其进行监管;法律应明确企业所有权属于公众,要赋予公众享有企业的决策权和监督权,并明确公众参与决策的范围和机制;政府应对企业的成本和价格进行监管,并对可能的腐败和合谋侵害公众利益的行为制定切实的惩治措施。

2.7.1 自然垄断性国有企业应有专门的法律和政府监管制度,以保证企业行为的规范性。

自然垄断性国有企业由国家全额出资,向社会提供准公共产品和准公共服务,以合理成本控制下的公众福利最大化为目标。全国人大应制定专门的规范自然垄断性国有企业的法律法规,地方各级人大可以根据全国人大制定的专门法,制定符合本地实际的专门法来规范地方自然垄断性国有企业。对不同类型的自然垄断性国有企业要单独立法,以实现每个或每类自然垄断性国有企业有一部专门的法律进行规范。

政府应该根据自然垄断性国有企业专门法律,制定自然垄断性国有企业的监管制度,监管制度应该涵盖自然垄断性国有企业的人事、业务范围、事业计划、投资、融资、财务预算和决算、劳动工资、价格等方面,以保证自然垄断性国有企业行为的规范性。

2.7.2　自然垄断性国有企业应有专门的政府监管机构,代表公众对企业进行监管,法律应明确政府监管机构的权力范围和责任。

国家应该通过立法,由政府设立专门机构对自然垄断性国有企业进行监管,实行政府集中监管的模式。同时应强化各级人大在本级自然垄断性国有企业中的监督作用。

自然垄断性国有企业的政府监管机构是代表公众对企业进行监管,监管机构的权力来自法律的明确授权。比如,法律应赋予政府监管机构拥有任命企业高管的权力,以及企业高管职务晋升的表决权。政府监管机构不能超越法律授权范围干涉自然垄断性国有企业的日常经营。

法律应该规定政府监管机构在对自然垄断性国有企业进行监管时应承担的法律责任,对政府监管机构失职、渎职行为要有相应的惩治措施,以督促政府监管机构积极、合理地履行监管职能。法律应该确保公众有权对政府监管机构进行督促和质询。法律应该禁止政府监管机构的负责人到自然垄断性国有企业担任高管(政府董事不属于企业高管,不在此列),以免造成政府监管机构对企业的监管障碍。

2.7.3　法律应明确自然垄断性国有企业的所有权属于公众,服务对象也是公众,要赋予公众享有企业的决策权和监督权,并明确公众参与企业决策的范围和机制。

自然垄断性国有企业由国家全额出资,本质上是公众出资。法律应该明确自然垄断性国有企业所有权属于公众,禁止任何个人或机构利用企业资产牟取私利。法律应规定自然垄断性国有企业要无条件、无差别地向社会提供准公共品。法律应该为公众参与自然垄断性国有企业决策提供法律依据和途径,以保证自然垄断性国有企业在做出涉及公众利益的重大决策时能够体现公众意志。

法律应赋予公众对自然垄断性国有企业的监督权，并明确公众行使监督权的机制和范围。公众的监督权应不仅仅限于对自然垄断性国有企业提供的准公共产品和准公共服务上，还应体现在有权对自然垄断性国有企业的高层管理者进行监督上。比如，公众有权获得自然垄断性国有企业的成本、定价、收益等方面的信息，对产品和服务质量有通畅表达意见的渠道。法律也应规定公众不得干扰自然垄断性国有企业的正常经营。

法律应该为公众提供在决策权被剥夺和监督权失效时的救济方法，比如公众在一定情况下可以提请司法机关介入，以阻止自然垄断性国有企业高层管理者侵害企业利益和公众利益。

2.7.4 政府应对自然垄断性国有企业的成本和定价进行监管，防止企业虚增成本、提高价格或通过其他方式牟取不当利益，政府应建立企业不当收益归国家的机制。

政府监管机构应根据规范自然垄断性国有企业的专门法律，制定相应的监管制度，以实施有效的监管。监管内容应包括服务标准、成本控制、价格、资源配置等，尤其是成本控制和定价依据，应高度透明。政府监管制度应该明确，自然垄断性国有企业必须严格实施成本控制，定价以盈亏平衡为依据，不能追求超额利润。

政府监管制度应该强调自然垄断性国有企业成本控制的任务和责任，建立明确的奖惩措施。比如，对于完成成本控制目标的企业高管给予提薪或升职的奖励；对于没有完成成本控制任务的高管采取降薪或免职等惩罚措施。

政府监管机构应该建立对自然垄断性国有企业的价格监控制度，严格限制企业的定价权限。政府应建立对自然垄断性国有企业产品和服务价格上调的审查机制，防止企业通过虚增成本或者其他方式牟取不当利益。政府应建立对自然垄断性国有企业已经获得的不当利益的追缴机制，将不当利益收归国家或者返还给社会公众。

2.7.5　法律应明确自然垄断性国有企业高层管理者应承担的责任和义务，能够有效处理企业可能发生的腐败问题，清晰界定企业高层管理者因腐败所需承担的法律责任。

自然垄断性国有企业独特的垄断地位和信息优势使得企业能轻易赚取超额利润，从而容易滋生腐败问题。政府应该根据刑法和自然垄断性国有企业专门法律，制定防范自然垄断性国有企业腐败的法律法规，应要求自然垄断性国有企业在内部建立有效的反腐机制，应明确企业高管对企业和公众所承担的责任和义务，对发生腐败的自然垄断性国有企业要有相应的追责机制。政府也可以委派纪检人员进驻自然垄断性国有企业，应该明确纪检人员的唯一目的是监督和反腐，纪检人员不得兼任企业高层管理者。

法律应该明确自然垄断性国有企业高层管理者因腐败所需承担的法律责任。高层管理者因腐败构成犯罪的，要承担相应的刑事责任；对于实施了腐败行为但没有构成刑事责任的企业高层管理者也应有明确的法律责任，比如免职，或者禁止再次担任国有企业的高层管理职位。法律还应该确定自然垄断性国有企业高管离职审查机制。

2.7.6　法律应能够有效处理政府监管机构与企业合谋侵害公众利益的行为，应明确监管机构和企业因合谋侵害公众利益而各自承担的法律责任。

政府监管机构与自然垄断性国有企业联系密切，容易形成利益共同体，即出现合谋行为。合谋行为能够为合谋者带来巨大利益，但严重侵害社会公众的利益。法律应建立预防政府监管机构与企业合谋侵害公众利益的机制，要防止把监管权力变成政府监管机构创租和企业寻租的工具，应明确合谋侵害公众利益所要承担的法律责任。对已经合谋侵害公众利益并造成不良后果的，应根据相关法律法规追究合谋者的法律责任。

第3章　稀缺资源垄断性国有企业公司治理指引注释

3.1　稀缺资源垄断性国有企业的性质

稀缺资源是指国内不可再生的自然资源,这种不可再生性决定了必须防止过度开发和过度消费,以保证稀缺资源利用的可持续和优良的生态环境。

3.1.1　**稀缺资源垄断性国有企业不以盈利为目的,其作用是通过对稀缺资源有节制的开发和利用,保证经济社会的可持续发展,保护生态环境,维护国家安全。**

稀缺资源垄断性国有企业提供的产品是不可再生的稀缺资源,主要是矿产资源,如石油、稀土、黄金、煤炭等。一方面,消费者对这类产品有持续性需求,迎合需求获取利润相对容易;但另一方面,这类产品一旦开发使用,便永远灭失,而经济社会的可持续发展又与这些产品的持续存在密切相关,并且过度开发还危及生态平衡,造成环境破坏,影响公共安全。因此,对于稀缺资源,应该实行“双重抑制”,即既要抑制过度消费,又要抑制过度开发。为实现这种“双重抑制”,稀缺资源开发必须由国家来垄断经营,以保证稀缺资源开发和利用的高效率,同时又能保证经济社会的可持续发展,保护生态,维护国家安全。这种垄断属于合理垄断。

3.1.2　**稀缺资源垄断性国有企业应设置为国有独资企业,不应推动股权多元化和在资本市场上市经营,以保证企业不因追求盈利而过度开发稀缺资源。**

稀缺资源垄断性国有企业提供不可再生的资源产品,为避免资源过度开发，进而影响经济社会的可持续发展和生态环境，应该设置为国有独资企业。如果允许民营资本进入，推动股权多元化，甚至在资本市场上市，则民营资本的逐利动机必然导致企业过度开发稀缺资源，经济社会可持续发展和生态环境因企业的逐利行为受到侵害，最终使公众利益受损。

3.1.3　稀缺资源垄断性国有企业的产品定价应由市场决定，以防止稀缺资源的消费过度；但另一方面，必须对国内稀缺资源开发征收高额资源税，以防止企业过度追求盈利。

稀缺资源垄断性国有企业提供的产品具有不可再生性，其中很多产品具有较高的需求弹性，为避免稀缺资源的过度消费，必须根据供求确定价格。但按供求确定价格，将意味着企业能够获得较高的利润，而较高的利润会刺激企业对稀缺资源过度开发，为此，政府必须通过征收高额的稀缺资源开发税，将企业获取的利润绝大部分甚至全部收归国库，并通过国库提升公众福利。总之，通过价格和税收机制，要把稀缺资源的消费和开发限制在可控范围内，即限制在能够保证经济社会持续稳定发展和建设优良生态环境的范围内。

3.2　所有者权益保护

国家和稀缺资源垄断性国有企业应该承认社会公众作为所有者的权利；确保他们得到公平对待并平等获得企业信息；承认其对社会公众、经济社会可持续发展和资源生态保护的责任，提供公众参与决策的各种便利；国家必须对该类企业征收较高的资源税并用之于社会公众，同时避免企业过度开采稀缺资源。

3.2.1　稀缺资源垄断性国有企业应该确保作为所有者的社会公众的长远利益，要充分认识到与社会公众关系的重要性。政府不能为了地方利益而损害公众利益。

稀缺资源垄断性国有企业应该体现社会公众的利益，尤其是长远利益，并认可他们对国有企业资产的权利。稀缺资源垄断性国有企业应该保证社会公众的利益不被直接或间接地侵害,并且建立有效的惩治机制,以避免可能的侵害。

国家作为稀缺资源垄断性国有企业的独立出资者,能够决定董事会的组成。政府处于支配地位,应该保证不能滥用权力,例如不应该迫使企业追求损害社会公众利益的目标。滥用权力表现为:不适当地过度追逐地方利益而造成资源过度开发,或者为了某些特殊集团利益而改变企业资产结构。必须采取的措施包括加强信息透露、明确董事会成员责任等。

稀缺资源垄断性国有企业应该制定保护社会公众利益的指导方针,确保企业,特别是其董事会充分认识到与社会公众关系的重要性,并且积极增强这种关系。

3.2.2 稀缺资源垄断性国有企业的产品应该根据供求确定价格,以防止对稀缺资源的过度消费。但另一方面,为防止企业因市场定价从而获取高额利润而过度开发稀缺资源,国家必须征收较高的资源税,并通过财政用之于社会公众。

稀缺资源垄断性国有企业保护社会公众利益(尤其是长远利益)的一个关键条件是确保高度透明,使公众对企业实施的产品价格政策,即按供需定价能够完全的认知。同时,还必须让公众了解政府对稀缺资源开发实施的高税收政策,以及这种税收施惠于民的相关信息。要使公众充分了解对稀缺资源的定价和税收政策能够有利于维护公众的长期利益,有利于保护经济社会的可持续发展和优良的生态环境。国家作为独立出资者,不应以其特殊的地位优势,对所获得的信息进行滥用。无论关于信息披露的法律和规则的质量和完整性如何,稀缺资源垄断性国有企业都应该建立起保证社会公众能便利、公平、低成本地获取信息的机制和程序。企业的任何协议,包括覆盖董事会成员的信息协议,都应该予以披露。

3.2.3 稀缺资源垄断性国有企业应该制定与社会公众进行交流和征求意见的积极政策,并多方面听取和吸纳公众意见,对公众意见和诉求及时做出回应。

稀缺资源垄断性国有企业应该以及时和方便的方式,让社会公众对重要事件和重要决策及时知情,并应该向他们提供所要决策的议题的充足信息,尤其是涉及经济社会可持续发展和生态环境保护的重大决策,更应该让公众直接参与。确保企业履行对社会公众发布信息的义务,是稀缺资源垄断性国有企业董事会的责任。稀缺资源垄断性国有企业不仅应该采用已经存在的法律和规则,而且在此之外,还应该鼓励建立信用和信心机制,多方面听取和吸纳公众意见,并对公众意见和诉求及时做出回应。与社会公众的积极协商和交流,有助于改进决策过程和社会公众对关键决策的认可。

3.2.4　稀缺资源垄断性国有企业应该为社会公众参与重大决策(如涉及经济社会可持续发展和生态环境保护的重大决策)提供便利,确保其参与决策的权利,以保证公众对重大决策能够充分理解。

稀缺资源垄断性国有企业应该让社会公众消除疑虑,保证对他们的利益予以考虑。参与重大决策过程是社会公众最基本的权利,以保证公众对重大决策,尤其是直接影响经济社会可持续发展和生态环境保护的重大决策能够充分理解。为鼓励社会公众积极参与稀缺资源垄断性国有企业的重大决策过程,并便于他们行使权利,企业可以采用便利的缺席投票或推广使用电子投票,以降低参与成本。重要的是,保护社会公众的任何特殊机制,都必须仔细权衡。它既应该充分体现公平对待社会公众的理念,也不会妨碍国家的利益,同时也要防止社会公众在没有道理或无根据的情况下阻碍决策程序。

3.2.5　稀缺资源垄断性国有企业应该明确其对经济社会可持续发展和生态环境保护的社会责任,并让社会公众知晓该责任,充分报告企业与社会公众的关系。

稀缺资源垄断性国有企业应该充分报告企业与社会公众的关系,只有这样,企业才能证明它们要透明经营的意愿和对社会公众的承诺。充分报告可以增强公众信任并改善企业的声誉。因此稀缺资源垄断性国有企业应明确其对经济社会可持续发展和生态环境保护的社会责任,并让社会公众知晓该责任。当企业在经济或环境政策上有特殊目标时,应该向社会公众充分报告和披露。应鼓励稀缺资源垄断性国有企业委托第三方机构对其社会公众报告进行独立检查,以增强其可信度。

3.2.6 稀缺资源垄断性国有企业不设定经济目标,其对稀缺资源开发的程度要同时考虑消费者需求、经济社会可持续发展和生态平衡。

稀缺资源垄断性国有企业不设定经济目标,其对稀缺资源开发的程度要同时考虑消费者需求、经济社会可持续发展和生态平衡,企业应该让社会公众充分知晓这一目标。

稀缺资源垄断性国有企业一方面要向消费者提供高质量的、安全的产品;另一方面要确保稀缺资源产品的提供不能以损害经济社会可持续发展和生态环境为代价,不能为了企业自身或其他集团的特殊利益,而对公众利益造成负面影响。稀缺资源垄断性国有企业应该制定保证社会公众权利的政策和措施。对于公众的这项权利,企业应该通过信息披露使社会公众知晓。

3.2.7 稀缺资源垄断性国有企业党委会应该制定、实施和传达符合规程的内部道德准则,引导企业始终保持正确的发展方向,树立服务于公众、维护经济可持续发展和生态平衡的正确理念。

稀缺资源垄断性国有企业党委会制定和实施高尚的道德标准,是对企业日常经营和对公众承诺进行信用保障的一种措施,符合任何一个企业的长远利益。对于稀缺资源垄断性国有企业,由于需要满足“双重抑制”,即抑制过度消费和过度开发,因此需要弱化商业上的考虑,以免对企业产生更多压力,从而可能背离高尚的道德标准。

稀缺资源垄断性国有企业的全体员工,包括董事、高级经理和普通职员,应当以高尚的道德标准要求自己。企业应该建立内部道德准则,并承诺他们会自觉遵守。道德准则应该引导企业始终保持正确的发展方向,树立服务于社会公众的正确理念,并应用于整个企业及其附属机构。有利于规范全体员工的行为和守法标准,道德准则应该给予清楚和详细的指导。为了使道德准则与全体员工和社会公众挂钩,制定过程应该保证社会公众的共同参与。

道德准则应该包括维护社会公众利益的特殊机制,应该包括企业员工能够报告企业违法或违反道德准则行为的程序。稀缺资源垄断性国有企业也应当确保员工(无论是个人还是通过他们的代表机构)的投诉得到积极回应。稀缺资源垄断性国有企业的董事会可以准许公众和员工,或他们的代表,直接或间接地接触董事会中的独立董事或企业内部专门调查舞弊和听取批评意见的人员。道德准则还应该包括当投诉被发现是没有道理和事实上无意义、无根据时,所采取的纪律措施。

3.3 董事会治理

稀缺资源垄断性国有企业董事会应由政府基于稀缺资源利用的高效率,以及与此对应的经济社会可持续发展和生态环境保护目标而向社会公开选聘,并尊重其独立性。董事会中应有足够数量的、具有独立判断能力和相关行业知识的、关心稀缺资源利用效率、经济社会可持续发展和生态环境保护的独立董事。董事会应该对企业可能存在的对经济社会可持续发展和生态环境的负面影响做出评估并反馈给公众。董事会应本着对经济社会可持续发展和生态环境保护负责的态度,定期向公众发布董事会报告,并接受公众质询,对公众意见及时做出回应。董事会应该有规范的、具有法律效力的董事会议事规则;董事会中的非高管董事的薪酬应分类确定。

3.3.1 稀缺资源垄断性国有企业应当建立董事会并尊重其独立性,但政府本着经济社会可持续发展和生态环境保护的立场,对企业董事会有监督权,应该对监督权的范围做出界定。

董事会是企业所有者与经营者之间联系的纽带。在稀缺资源垄断性国有企业中,董事会需要统筹协调公众(所有者和消费者)、高层管理者和职工之间的利益关系。稀缺资源垄断性国有企业应设置为国有独资企业,其董事会是全体公众在企业中的代理人,需要服务于全体公众并满足公众的合理诉求,并代表全体公众利益负责企业战略决策和对决策执行的监督。同时,董事会成员背景的多样性可以为企业决策提供不同视角的、专业的意见,从而提高决策的科学性。

稀缺资源垄断性国有企业董事会在尊重公众利益的前提下应具有独立性,董事会应对其独立决策负责。但政府作为公众利益代表对董事会有监督权,公众也有直接的或间接的监督权。对于涉及妨碍甚至损害公众利益的重大决策,尤其是危及经济社会可持续发展和生态环境的决策,政府应积极介入调查,并责成董事会在征询公众意见的基础上做出修改并公布。

3.3.2 稀缺资源垄断性国有企业董事成员由政府监管机构向社会公开招聘并进行委派和考核,考核标准及范围是公众利益诉求落实、稀缺资源开发适度性、生态环境保护、成本控制和安全保障情况。

董事会是全体公众在企业中的代理人,这就决定了董事应该由代表公众利益的政府国有资产监管机构进行提名和选聘,以保证公众利益得到尊重和实现。为了保证董事的任职资格和来源能够满足公众的利益诉求,董事成员的选聘标准应该公开透明,且应该面向社会公开招聘。选聘的董事应该是关心公众利益、愿意为公众服务,并具备稀缺资源领域和生态环境业务知识的社会人士。为了满足公众诉求,董事选聘后应由政府国有资产监管机构对其进行委派和考核,考核标准是公众利益诉求落实、稀缺资源开发适度性、生态环境保护、成本控制和安全保障情况。

3.3.3 稀缺资源垄断性国有企业董事会中应有足够数量的、具有行业和相关业务知识的、具备独立判断能力的、关心稀缺资源利用效率、经济社会可持续发展和生态环境保护的独立董事。

稀缺资源垄断性国有企业应更多地考虑公众的利益,尤其是长远利益。企业通过供需确定价格,以抑制过度消费;政府对稀缺资源开发征收高额税,以抑制过度开发。通过双重抑制,保证经济社会可持续发展,保护生态环境,实现公众长远利益的最大化。相应的,企业董事会的构成应该体现这种利益诉求,即应该有足够数量的独立董事来代表公众的这种诉求。独立董事应该充分代表公众利益,监督管理层为公众利益最大化服务。为了保证独立董事工作的效果和效率，独立董事应该是能够客观公正地代表公众利益并具备稀缺资源领域业务知识、关心经济社会可持续发展和生态环境保护的社会人士。独立董事应该在产品定价、成本控制、资源开发利用及其生态环境保护等决策中发表独立意见并充分维护公众利益。为了实现公众利益，董事会中独立董事的数量应该超过一半，董事长和总经理应该分任，可以由独立董事担任董事长。在内部人担任董事长的企业中，可以建立由独立董事担任首席董事的制衡制度，首席董事作为董事会中独立董事的牵头人，主持召开没有管理层参与的独立会议，会后应就会议意见与内部董事(管理层)充分沟通并力求达成一致。

3.3.4 稀缺资源垄断性国有企业董事会应设立与经济社会可持续发展和生态环境保护相关的专门委员会，如可持续发展和环境评估委员会，专门委员会中独立董事占多数并由独立董事担任召集人。

稀缺资源垄断性国有企业的目标主要不是盈利，而是稀缺资源的有序开发和高效利用，以保证经济社会可持续发展，并保护生态环境。因此，董事会除了设置审计和成本控制委员会等专门委员会外，更重要的是要设置可持续发展和环境评估委员会，为董事会提供稀缺资源有序利用和环境保护方面的咨询和建议。专门委员会应制定相应的议事规则，以规范专门委员会的运行。专门委员会中独立董事应占多数并由独立董事担任召集人。其中可持续发展和环境评估委员会召集人应该由具备该领域专门知识的独立董事担任。董事会专门委员会的人员任命、构成和工作程序应该定义明确并由董事会公告。

3.3.5 稀缺资源垄断性国有企业董事会接受公众委托，对公众利益负责。

稀缺资源垄断性国有企业的最终出资人是全体公众，董事会是全体公众的代理人，董事会接受公众委托，应对公众利益负责，确保企业在成本控制、稀缺资源有序开发、生态环境保护的基础上实现公众利益最大化。应建立董事责任制度及与之相关的董事考核制度，在董事责任和考核制度中，公众利益诉求应置于核心位置，以保证董事充分代表公众利益。

3.3.6 稀缺资源垄断性国有企业董事会根据政府制定的稀缺资源有序利用、可持续发展和生态环境保护目标，履行战略制定和监督管理层的职能。董事会必须制定独立的评价体系，评估企业逐利行为对经济社会可持续发展和生态环境的影响并及时向公众反馈。

对于稀缺资源垄断性国有企业，政府应该制定保证经济社会可持续发展和保护生态环境的公共政策目标。企业董事会应该基于政府的公共政策目标，负责战略制定并对管理层的战略执行过程进行监督。在制定企业发展战略的职能行使方面，董事会应通过网络、现场听证会等各种方式征询公众意见，并及时发布公众意见征询情况报告，以保证公众在关系公众利益的重大决策中的参与权和知情权。在监督管理层的职能行使方面，董事会应当采取直接监督和间接监督并用的方式，通过公开、透明、充分的信息披露让公众共同参与监督，并接受社会评价。

由于稀缺资源具有不可再生性，而消费者又有较大的需求，因此企业要根据供需原则确定价格，这意味着企业是可以盈利的。即使政府制定了稀缺资源开发税制度，也难以完全避免企业的逐利性。为防止企业利用垄断地位过度追求盈利而损害社会和公众利益，董事会必须制定独立的评价体系，评估企业在价格制定、成本控制等方面的效率与公平性，尤其要评估企业逐利行为对经济社会可持续发展和生态环境的影响，并通过完整、透明的信息披露体系及时向公众反馈。

3.3.7 稀缺资源垄断性国有企业应明确董事会与党委会的关系，二者职责要明晰，并披露交叉任职和分工情况。

董事会主要负责企业战略制定和对管理层的监督，党委会主要负责党政工作和干部任命，二者工作虽然各有侧重，但在参与企业重大决策上，特别是“三重一大”(重大决策、重要人事任免、重大项目安排、大额资金运作)事项上，二者工作又有交叉。稀缺资源垄断性国有企业董事会必须明确董事会和党委会的职责和分工，明确二者各自的决策范围和事项，以及必须由二者共同决策的范围和事项，并向公众进行充分披露。董事会和党委会成员可以通过“双向进入、交叉任职”的方式实现共同决策，以减少决策冲突。交叉任职情况必须向公众进行充分披露，以防止可能发生侵害公众利益的行为。

3.3.8　稀缺资源垄断性国有企业董事会应定期向监管机构提交董事会报告，并向公众公布。

稀缺资源垄断性国有企业董事会应落实年度评估制度，以评价自身履行职责的情况，董事会应根据政府国有资产监管机构的要求定期编写并提交董事会报告。董事会报告的主要内容应包括现有董事会人员构成、董事出席会议情况、董事会会议决策情况、专门委员会会议决策情况、董事履职情况，履职过程中存在的问题以及相应的改进措施。董事会报告在提交给监管机构的同时，要向公众进行公布，以保障公众的知情权和监督权。

3.3.9　稀缺资源垄断性国有企业董事会应定期、不定期地接受公众的质询和建议，对公众意见和诉求要及时做出回应。

稀缺资源垄断性国有企业董事会应该制定与公众(尤其是企业所在地的公众)进行交流和征求意见的积极政策，并应建立对公众的反馈和交流平台，如通过网络、电话、现场接待等方式，定期、不定期地接受公众的质询和建议，以满足公众利益诉求，保障公众的知情权和监督权。对于公众提出的合理意见和诉求，董事会应及时做出回应，并将公众意见反馈结果向公众公布。

3.3.10　稀缺资源垄断性国有企业董事会应建立规范的、具有法律效力的董事会议事规则，定期召开董事会会议并建立董事会备忘录制度。

稀缺资源垄断性国有企业董事会应制定规范的、具有法律效力的董事会议事规则，以确保董事会高效运作和科学决策，并使董事对自己的履职行为负责。董事会议事规则主要内容包括：(1) 董事会的职责与权限，应明确董事会议事的范围；(2) 董事会议事的程序，包括材料的准备、会议通知、委托代理、表决机制等，并强调董事会在进行重大决策前须先向公众征求意见，以保证董事会在汇总公众意见并进行充分讨论的基础上做出符合公众利益的最终决策；(3) 董事、董事长议事的权利、义务和责任。另外，应当建立董事会备忘录制度。董事会备忘录应完整、真实，董事会秘书对会议所议事项要认真进行记录和整理，出席会议的董事、董事会秘书应在会议记录上签名,董事会会议记录应作为企业重要档案妥善保存,以作为日后明确董事责任、承担或免除责任的重要法律依据。

3.3.11 稀缺资源垄断性国有企业董事会中的非高管董事的薪酬应分类确定。政府董事应设为外部董事,其薪酬应参照对应的公务员标准确定;独立董事不享受薪酬待遇,其在任职企业获取的收入是车马费和少量津贴,以保证其独立性。

稀缺资源垄断性国有企业董事会应由三类人员构成,分别是政府董事、独立董事和高管董事,他们的来源不同,职责不同,薪酬也应不同。其中,政府董事由政府委派,代表出资人和公众的利益。为保证政府监督的独立性,政府董事应为外部董事,其薪酬参照同级公务员标准确定,并根据其贡献有一定的奖励。独立董事应是财务、法律以及稀缺资源和生态环境领域专业人士,由政府从社会公开招聘。为保证独立董事的独立性,独立董事在任职企业不享受薪酬待遇,其作为独立董事的补偿应是车马费和少量津贴。对独立董事的激励不是来自薪酬,而是声誉。为保证声誉机制能够发挥作用,应该建立独立董事声誉机制,这种声誉机制要能够反映独立董事的能力和诚信,并有惩戒作用。也可以考虑从职业化的经理人市场中选择具有稀缺资源和生态环境领域业务知识的、有较强社会责任心的、关心公众长远利益的独立董事。

3.4 财务治理与信息披露

稀缺资源垄断性国有企业应明确财权配置,加强财务控制;应强化信息透明,尤其要详细披露稀缺资源开发程度,以及其对可持续发展和生态环境的负面影响;应强化政府、社会审计和公众对企业财务治理的监督力度,防止企业借垄断地位过度开发稀缺资源,努力实现稀缺资源有序利用,保证稀缺资源开发和利用能够长期地支持经济社会的可持续发展,并杜绝造成生态破坏。

3.4.1　稀缺资源垄断性国有企业应强化和明确财权配置，防止企业借垄断地位过度追求利润，从而对经济社会可持续发展和生态环境造成破坏性影响。

对于稀缺资源垄断性国有企业，政府必须通过规制政策，使经营者立足于经济社会的可持续发展和保护生态环境来经营这类企业，而不是借助资源垄断过度开发稀缺资源，或者过度消费。应强化和明确稀缺资源垄断性国有企业的财权配置，尤其应强化社会公众对企业拥有最终所有权并享有相应的权利，要通过税收将企业绝大部分利润收归国库，并用之于民。重大项目需经专家论证并向公众公示。重点项目资金收支应纳入全面预算管理，并给予相应的财权限制。通过完善财权设置，防止稀缺资源垄断性国有企业借优势地位以显性或隐性方式侵害公众权益。

3.4.2　稀缺资源垄断性国有企业应加强财务控制，应强制性评估稀缺资源开发对可持续发展和生态环境的负面影响。

稀缺资源垄断性国有企业的财务控制应予强化。应引入科学的内部控制体系，加强对内部财务决策权的制约。应强制稀缺资源垄断性国有企业定期公布财务明细状况，全面披露企业总体利润结构、部门利润构成、地区利润来源、产品毛利状况，以及企业总体、部门、地区和产品的资金占用，明确企业总体及内部各单位的资源占用及利用效率，评估稀缺资源开发对经济社会可持续发展和生态环境的负面影响，并纳入内控体系，明晰责任。将不同部门的盈亏和资本占用状况相结合，作为各部门考核的依据。应确保稀缺资源的有序开发，不应过度强调企业盈利，以防止可能的对公众利益尤其是长远利益的损害。

3.4.3　稀缺资源垄断性国有企业应详细披露企业的成本构成，并做出充分的说明，成本构成应包括生态环境成本。

稀缺资源垄断性国有企业应详细披露在产品生产、服务提供、经营管理、生态环境成本，以及高管薪酬方面的成本构成与控制情况。应采用年报或半年报方式定期披露企业在采购方案、采购定价、生产加工、环境保护、服务提供过程中的主要成本项目以及管理费用明细。应加强公众对企业高管薪酬等支出的监督,定期向社会公开高管薪酬,而且披露的内容应完整、准确、及时,不仅要公布薪酬总额,还要公布薪酬构成,以利于社会公众的监督。

应加强对稀缺资源垄断性国有企业的有效的行业监管,包括价格、服务标准、成本控制、收入分配、环境保护、资源配置和开发限度,提高透明度,防止企业利用垄断地位损害社会公众的利益,以使企业既为社会提供高质量产品,又能实现经济社会可持续发展和环境保护的目标。

3.4.4　稀缺资源垄断性国有企业应详细披露盈利原因和分配方案;如果亏损,应详细说明亏损原因和扭亏方案。

基于稀缺资源对经济社会可持续发展和生态环境可能产生的负面影响,而消费者对稀缺资源又存在较大需求,企业应该按供需定价,但企业不应因此而过度追求盈利。企业应认识到,追求盈利会导致稀缺资源的过度开发,而过度开发会严重影响经济社会的可持续发展,并可能产生生态环境的破坏。为限制企业过度追逐盈利,政府应通过资源税,将绝大部分盈利收归国库。留归企业的盈利部分,应给出明确的分配和使用方案。如果企业出现亏损,应详细说明亏损原因和亏损弥补方案,并公布专业审计机构的审计意见,防止企业蓄意做账目亏损以寻求减税免税,甚至寻求财政补贴。

3.4.5　应加强政府和社会审计对稀缺资源垄断性国有企业中的监督职能,并强化公众在社会监督和审计中的参与度。

政府管理部门应采用政府审计、专项检查、第三方独立评价等社会或外部监管措施,对稀缺资源垄断性国有企业的产品成本进行核算,以控制成本摊销,合理核定费用。审计人员在对稀缺资源垄断性国有企业进行效益评价时,应充分考虑既定成本下企业创造的社会效益,经济效益应考虑盈利,但不应突出盈利,以避免刺激企业过度追求盈利导致过度开发稀缺资源,进而侵害公众利益。在实施企业效益审计时,应选择适合每个企业具体情况的评价标准,以保证审计结果的客观公正。

应强化社会公众、大众传媒尤其是新兴媒体在社会审计和监督中的参与度。新兴媒体如门户网站、微博、微信等，正日益成为社会公众参与监督的重要渠道。稀缺资源的有序开发和高效利用，以及其对社会公众的责任，需要加强来自社会各界的全方位监督。

3.4.6　稀缺资源垄断性国有企业应实施高度透明的信息披露制度，以提高社会公众参与监督的力度。

稀缺资源垄断性国有企业应实施高度透明的信息披露制度，而且这种信息公开应该上升到法律层次，即必须是强制性披露，以提高社会公众参与监督的力度。稀缺资源垄断性国有企业的财务账目应该向社会公开，以促进企业经营效率的提升和资源开发的合理化，充分发挥国有企业在有序开发稀缺资源，提升国民福利中的保障作用。稀缺资源垄断性国有企业信息披露内容应涵盖内部财务控制体系制度、财务收支状况、资源开发对经济社会可持续发展和生态环境的影响的评估等，应建立健全企业门户网站，并以年报、半年报的形式公告盈亏状况，及时发布企业动态。

3.5　高层管理者激励与评价

稀缺资源垄断性国有企业的高层管理者是董事会决策的执行者。高层管理者的激励不是来自利润多少，而是来自政治地位的提升。高层管理者的薪酬应该等同于公务员待遇，其贡献应以稀缺资源有序利用和生态环境保护作为评价标准。高级管理者要不断强化对公众的责任意识。

3.5.1　稀缺资源垄断性国有企业高层管理者应由政府部门委派，具有相应的行政级别，可以竞争上岗。

稀缺资源垄断性国有企业提供的产品具有不可再生性，必须实行双重抑制，即抑制过度消费和过度开发，通过价格和税收机制使企业不能过度追求盈利，而是要通过有序开发保证经济社会的可持续发展，并保护生态环境。对稀缺资源垄断性国有企业的这种定位，意味着对企业高层管理者的要求更高。这些高层管理者应由政府监管机构委派，使其具有相应的行政级别。政府监管机构选择企业高管可以采取公开招聘、竞争上岗的方式,可以考虑从职业经理人市场选聘,以找到适合稀缺资源垄断性国有企业发展,对社会公众有责任意识,并具有经营能力的高层管理者。

3.5.2 对稀缺资源垄断性国有企业高层管理者贡献的评价应主要以稀缺资源有序利用、防止过度开采以保证经济社会可持续发展和维护生态环境作为评价标准。

稀缺资源垄断性国有企业的经营目的不仅仅是为消费者提供高质量的产品,更重要的是通过有序开发保证稀缺资源的可持续利用,并保护生态环境,同时实施成本控制,提高技术水平。因此,对稀缺资源垄断性国有企业高管贡献的评价应以企业的成本控制水平、技术水平、稀缺资源可持续利用和生态环境保护作为标准。选择成本控制水平作为评价标准,是因为尽管稀缺资源垄断性国有企业的目标不是过度追求盈利,但成本控制是高效配置国有资本的重要方面。选择技术水平作为评价标准,是因为稀缺资源开发只有在高技术水平下,才能高效利用,并把对生态环境的负面影响降至最低。稀缺资源可持续利用和生态环境保护则是对企业高管最重要的评价标准。

3.5.3 稀缺资源垄断性国有企业高层管理者的激励不是来自薪酬,而是根据其贡献获得行政职务升迁或级别提高,即政治地位的提升。

由于稀缺资源垄断性国有企业不突出盈利,而是强调稀缺资源的可持续开发和利用,以及保护生态环境,其高管由政府监管机构委派,因此对高管的激励不是来自以现金、股票、期权为主要形式的薪酬,而是来自行政职务的升迁或行政级别的提高,也就是政治地位的提升。当然,由于稀缺资源垄断性国有企业高管的薪酬与职位升迁或级别提高挂钩,因此职务升迁或级别提高也意味着薪酬的增加。

3.5.4 稀缺资源垄断性国有企业高层管理者的薪酬待遇应与同等级别的公务员基本保持一致,并根据其贡献体现一定的差别。

稀缺垄断性国有企业的高管由政府部门委派,并具有相应的行政级别。因此,高管的薪酬待遇应与同等级别的公务员基本保持一致。不过,即使属于同等级别的企业高管,也应当根据高管的实际贡献而有所不同,以体现出对高管行为的差异化评价。实际贡献的评价范围既包括产品质量、成本控制和技术水平,也包括稀缺资源开发对经济社会可持续发展和生态环境的负面影响,也要适当考虑盈利或亏损水平。同时,还应当通过第三方审计、信息披露等途径,严格控制企业高管的在职消费,避免高管通过在职消费实现自我补偿,或者虚增成本为自己牟利。

3.5.5　稀缺资源垄断性国有企业高层管理者应定期、不定期接受董事会和公众的质询,以强化其对公众的责任意识。

稀缺资源垄断性国有企业提供的产品具有不可再生性,但又有较高的市场需求。因此,高管更多地依靠责任感来有限度地提供高质量产品。因此,应强化稀缺资源垄断性国有企业高管对社会和公众的责任意识。具体地,应当建立稀缺资源垄断性国有企业的董事会质询制度和公众质询制度,质询内容应包括成本构成、技术水平、产品质量、资源开发对经济社会可持续发展和生态环境的影响,以及高管的职务消费等。企业高管要对董事会的质询逐一回应,并提出改善承诺和整改措施。公众对企业高管的质询应当是全天候的,通过建立公众质询平台,公众直接对稀缺资源开发及其影响提出质询。针对公众提出的合理质询,企业相关部门(如公共关系部门)应当及时做出应答,确保公众质询的问题得到切实解决。如果公众质询的问题没有得到解决,企业应给出合理的解释,以获得公众的理解。同时,稀缺资源垄断性国有企业还应当定期向公众披露董事会质询和公众质询的解决情况。

3.6　社 会 责 任

稀缺资源垄断性国有企业的主要目标是在满足公众基本需求的同时,必须避免过度消费和过度开发,以保证经济社会的可持续发展和保护生态环境。保证经济社会的可持续发展和保护生态环境是强制性责任,不以企业自身意愿为转移。企业应向公众提供高质量的和安全可靠的产品,并及时提交社会责任报告,以接受公众监督和质询。

3.6.1 稀缺资源垄断性国有企业的主要目标,一是满足公众对稀缺资源的基本需求;二是抑制过度消费和过度开发,以保证经济社会的可持续发展,并维护生态环境的平衡,后一个目标更为重要。

稀缺资源是指国内不可再生的自然资源,其社会需求较大,如果不加节制地开发,将造成稀缺资源以较快速度枯竭,不仅会危及经济社会的可持续发展,而且会导致生态失衡,环境恶化,甚至危害国家安全。因此,对于稀缺资源的开发,不能急功近利,不能只追求短期的利润最大化,而是要立足经济社会的可持续发展、生态环境平衡和国家安全,从国家战略高度,有序开发,抑制过度消费,以谋求国家的长治久安和经济稳定发展。这是稀缺资源垄断性国有企业的最大社会责任。

3.6.2 稀缺资源垄断性国有企业获取的利润应通过资源税绝大部分上缴国库,以避免其过度开发稀缺资源。

逐利性是企业的本性,为此,除了由国家垄断经营外,还必须在价格和税收制度上抑制过度消费和过度开发。以供需确定价格,是为了抑制过度消费;而较高的资源税则是为了抑制过度开发。此外,税收还是将稀缺资源收入普惠于公众的重要手段,因为公众是稀缺资源的最终所有者。

3.6.3 稀缺资源垄断性国有企业应平等地为社会公众提供高质量的产品。不能以任何理由提供低劣产品和服务。

稀缺资源垄断性国有企业提供的产品必须是高质量的和安全可靠的。由于企业的主要目标不是盈利,而且绝大部分盈利还要通过资源税上缴国库,企业可能没有足够的激励和意愿来提供高质量的产品,或者在提供产品时降低标准,这不仅影响国有企业声誉,更重要的,是会对消费者造成损害,还会产生诸如环境恶化等方面的后果。因此,应该通过强制性制度安排和具有威慑力的惩罚措施,保证企业提供高质量的产品,企业必须对其提供的产品的质量和安全性负法律责任,促进企业不能以任何理由提供低劣产品。

3.6.4　稀缺资源垄断性国有企业应及时向公众提供完整的社会责任报告,自觉接受公众监督,随时接受公众质询。

稀缺资源垄断性国有企业的所有者是全体公众,因此,公众既有权了解企业所提供产品的质量和安全性,也有权了解企业的经营情况,尤其是其成本控制、盈亏状况、技术水平,以及资源开发对经济社会可持续发展和生态环境的影响。企业也应该认识到稀缺资源的有序开发、高效利用,保护生态环境,保证经济社会可持续发展是企业的宗旨所在。因此,稀缺资源垄断性国有企业应及时提供社会责任报告,自觉接受公众监督,随时接受公众质询,并对公众的质询给予回应或提供解决方案。

3.7　法律与政府监管

稀缺资源垄断性国有企业应有专门的法律和监管制度,并有专门机构对其进行监管;法律应明确企业所有权属于公众,要赋予公众享有企业的监督权和决策权,并明确公众参与决策的范围和机制;政府应对企业的成本和产品价格进行监管,要对稀缺资源开发带来的对经济社会可持续发展和生态环境的影响进行评估,并对可能产生的腐败和合谋侵害公众利益的行为制定切实的预防和惩治措施。

3.7.1　稀缺资源垄断性国有企业应有专门的法律和政府监管制度,以保证企业行为的规范性。

稀缺资源垄断性国有企业由国家全额出资,向社会提供高质量的、安全的产品,同时不能对经济社会可持续发展和生态环境造成负面影响。全国人大应制定专门的规范稀缺资源垄断性国有企业的法律法规,地方各级人大可以根据全国人大制定的专门法,制定符合本地实际的专门法来规范地方稀缺资源垄断性国有企业。国家对不同稀缺资源类型的国有企业要单独立法,以实现每个或每类稀缺资源垄断性国有企业有一部专门的法律进行规范。

政府应该根据稀缺资源垄断性国有企业专门法律,制定稀缺资源垄断性国有企业的监管制度，监管制度应该涵盖稀缺资源垄断性国有企业的人事、业务范围、投资、融资、财务预算和决算、价格、稀缺资源开发限度、生态环境维护等方面，以保证稀缺资源垄断性国有企业行为的规范性。

3.7.2 稀缺资源垄断性国有企业应有专门的政府监管机构，代表公众对企业进行监管，法律应明确政府监管机构的权力范围和责任。

国家应该通过立法，由政府设立专门机构对稀缺资源垄断性国有企业进行监管，实行政府集中监管的模式。同时应强化各级人大在本级稀缺资源垄断性国有企业中的监督作用。

稀缺资源垄断性国有企业的政府监管机构是代表公众对企业进行监管，监管机构的权力来自法律的明确授权。比如，法律应赋予政府监管机构拥有任免企业高管的权力，政府监管机构不能超越法律授权范围干涉稀缺资源垄断性国有企业的日常经营。

法律应该规定政府监管机构在对稀缺资源垄断性国有企业进行监管时应承担的法律责任，对政府监管机构失职、渎职行为要有相应的惩治措施，以督促政府监管机构积极、合理地履行监管职能。法律应该确保公众有权对政府监管机构进行督促和质询。法律应该禁止政府监管机构的负责人到稀缺资源垄断性国有企业担任高管(政府董事不属于企业高管，不在此列)，以免影响政府监管机构对企业的监管。

3.7.3 法律应明确稀缺资源垄断性国有企业的所有权属于公众，服务对象也是公众，要赋予公众享有企业的决策权和监督权，并明确公众参与企业决策的范围和机制。

稀缺资源垄断性国有企业由国家全额出资，本质上是公众出资。法律应该明确稀缺资源垄断性国有企业所有权属于公众，禁止任何个人或机构利用企业资产牟取私利。法律应规定稀缺资源垄断性国有企业要无条件、无差别地向社会提供高质量的、安全的产品，同时保证产品提供不能影响经济社会的可持续发展和生态环境。法律应该为公众参与稀缺资源垄断性国有企业决策提供法律依据和途径，以保证稀缺资源垄断性国有企业在做出涉及公众利益的重大决策(如环境问题)时能够体现公众意志。

法律应赋予公众对稀缺资源垄断性国有企业的监督权,并明确公众行使监督权的机制和范围。公众的监督权应不仅仅限于对稀缺资源垄断性国有企业提供的产品上,还应体现在有权对稀缺资源垄断性国有企业的高层管理者进行监督上,更应该体现在稀缺资源开发对经济社会可持续发展和生态环境影响的监督上。比如,公众有权获得稀缺资源垄断性国有企业的成本、定价、收益,以及对经济社会可持续发展和生态环境的评估等方面的信息,对企业决策有通畅表达意见的渠道。法律也应规定公众不得干扰稀缺资源垄断性国有企业的正常经营。

法律应该为公众提供在决策权被剥夺和监督权失效时的救济方法,比如公众在一定情况下可以提请司法机关介入,以阻止稀缺资源垄断性国有企业高层管理者侵害企业利益和公众利益。

3.7.4　政府应对稀缺资源垄断性国有企业的成本和定价进行监管,防止企业虚增成本、提高价格或通过其他方式牟取不当利益,政府应建立企业不当收益归国家的机制。

政府监管机构应根据规范稀缺资源垄断性国有企业的专门法律,制定相应的监管制度,以实施有效的监管。监管内容应包括产品质量标准、成本控制、价格、稀缺资源开发量等,监管内容应高度透明。

政府监管制度应该强调稀缺资源垄断性国有企业成本控制的任务和责任,建立明确的奖惩措施。比如,对于完成成本控制目标的企业高管给予提薪或升职的奖励,对于没有完成成本控制任务的高管采取降薪或免职等惩罚措施。

政府监管机构应该建立对稀缺资源垄断性国有企业的价格监控制度,要明确企业应该按照供需平衡原则确定价格,防止企业通过虚增成本、过度降价促销或者其他方式牟取不当利益,或造成稀缺资源过度开发。政府应建立对稀缺资源垄断性国有企业已经获得的不当利益的追缴机制,将不当利益收归国家或者返还给社会公众。

3.7.5　政府应制定规则对稀缺资源开发对经济社会可持续发展和生态环境的影响进行经常性评估，要制定稀缺资源开发税，税率水平应足以防止资源过度开发。

对于稀缺资源垄断性国有企业，稀缺资源开发对经济社会可持续发展和生态环境影响的评估应该是经常性的，政府应该制定评估制度，使这种评估常态化和规范化。评估制度应该细化和清晰化，应把影响程度，尤其是造成损害的程度反映出来。评估制度和评估结果应公之于众，以接受公众监督。

政府还应制定稀缺资源开发税制度。作为国有独资企业，原则上，企业在利润中扣除必需的技术开发费等部分外，应全额上缴国家财政。具体税率应充分论证后确定，但应足以抑制企业因追逐盈利而过度开发稀缺资源。

3.7.6　法律应明确稀缺资源垄断性国有企业高层管理者应承担的责任和义务，要能够有效处理企业可能发生的腐败问题，应清晰界定企业高层管理者因腐败所需承担的法律责任。

稀缺资源垄断性国有企业独特的垄断地位和信息优势使得企业能轻易赚取超额利润，从而容易滋生腐败问题。政府应该根据刑法和稀缺资源垄断性国有企业专门法律，制定防范稀缺资源垄断性国有企业腐败的法律法规，应要求稀缺资源垄断性国有企业在内部建立有效的反腐机制，应明确企业高管对企业和公众所承担的责任和义务，对发生腐败的企业要有相应的追责机制。政府也可以委派纪检人员进驻稀缺资源垄断性国有企业，应该明确纪检人员的唯一目的是监督和反腐，纪检人员不得兼任企业高层管理者。

法律应该明确稀缺资源垄断性国有企业高层管理者因腐败所需承担的法律责任。高层管理者因腐败构成犯罪的，要承担相应的刑事责任；对于实施了腐败行为但没有构成刑事责任的企业高层管理者也应有明确的法律责任，比如免职，或者禁止再次担任国有企业的高层管理职位。法律还应该确定稀缺资源垄断性国有企业高管离职审查机制。

3.7.7　法律应能够有效处理政府监管机构与企业合谋侵害公众利益的行为，应明确监管机构和企业因合谋侵害公众利益而各自承担的法律责任。

政府监管机构与稀缺资源垄断性国有企业联系密切，容易形成利益共同体，即出现合谋行为。合谋行为能够为合谋者带来巨大利益，但严重侵害社会公众的利益。法律应建立预防政府监管机构与企业合谋侵害公众利益的机制，要防止把监管权力变成政府监管机构创租和企业寻租的工具，应明确合谋侵害公众利益所要承担的法律责任。对已经合谋侵害公众利益并造成不良后果的，应根据相关法律法规追究合谋者的法律责任。

第4章 竞争性国有企业公司治理指引注释

4.1 竞争性国有企业的性质

竞争性国有企业处于竞争性行业,以追求利润最大化为首要目标,没有任何强制性社会公共目标。国有企业与民营企业的竞争应基于公平原则,民营企业可以控制或并购竞争不力的国有企业。

4.1.1 竞争性国有企业以追求盈利为目的,追求利润最大化是企业的基本属性,政府不应赋予强制性社会公共目标。

竞争性行业十分广泛,包括制造业、商业、服务业、金融业、电信业、发电、可再生资源开发等。公共事业中的建设阶段以及相应的设备生产和销售也属于竞争性行业,如桥梁建设、机车生产和销售、车站修建,以及城市基础设施、公共交通、环境卫生、道路、园林、消防、污水处理、防洪等设施的建设,以及其中设备的生产和销售。有的公共事业直接就是竞争性的,如文化娱乐场所、出租车、快递服务、房屋修缮等。竞争性国有企业与其他任何竞争性民营企业一样,是以盈利为目的的,或者说,竞争性国有企业是以实现国有资本增值或利润最大化为目标的,政府不应赋予其强制性社会公共目标,但鼓励企业自愿承担社会责任。

4.1.2　竞争性国有企业的作用主要是实现政府调控目标，促进经济稳定和产业结构优化，但其与非国有企业之间的竞争是公平的，两类企业的法律地位是平等的。

在竞争性行业保留部分国有企业，主要是基于以下考虑：一是实现政府调控经济的职能；二是维护经济稳定；三是加快产业结构的调整和优化。竞争性行业是民营资本大量存在的领域，政府不应该限制民营资本进入，但政府必须通过相应的法律法规予以规范，对于不公平竞争以及侵害消费者的行为予以惩治。在竞争性行业，国有企业与非国有企业公平竞争，政府不应赋予国有企业特殊地位，从而影响它们之间的公平竞争。政府应该在法律上做出规定，国有企业和非国有企业的法律地位是平等的，任何一方都没有凌驾于另一方之上的特殊地位。

4.1.3　竞争性国有企业股权可以多元化，非国有资本可以参股进入，也可以在资本市场上市经营。

竞争性国有企业股权可以多元化，即允许民营资本进入国有企业，股权多元化后也可以谋求在资本市场上市。股权多元化的企业成为国有控股企业，应该避免国有股"一股独大"，尽可能实现国有相对控股，以避免民营资本权益被侵害的现象发生，实现国有资本和民营资本的相互制衡、相互融合和共同发展。

4.1.4　竞争性国有企业的产品和服务的价格由企业根据市场供求来决定，政府没有干预的权力，但对价格操纵拥有监督和惩罚的权力。

竞争性国有企业以追求利润最大化为目标，其产品和服务的价格由企业根据市场供求来决定，政府没有定价权。但政府对企业的价格操纵行为（如掠夺性定价、垄断性高价）等不合规行为拥有监督和惩罚的权力，以促使企业价格行为符合市场规律。

4.1.5　竞争性国有企业可以通过控制权转移或被并购，成为非国有控股企业，这属于正常的竞争行为。

竞争性国有企业与民营企业进行公平的竞争，优胜劣汰。有公平的竞争，企业才会有创新的动力。民营企业可以通过公平竞争控制或并购竞争不力的国有企业。对于这种控制权转移和并购行为,政府不应干预,以维护公平的竞争秩序。同样,国有企业也可以通过公平竞争控制或并购民营企业。

4.2 利益相关者权益保护

国家和竞争性国有企业应该承认以股东为核心的所有利益相关者的权利;国有股东不应具有特别的权力,中小股东应有特别的保护制度;应确保利益相关者得到公平对待并平等获得企业信息;应建立利益相关者尤其是投资者关系机制,对利益相关者的诉求及时做出回应;应为中小投资者参与决策提供便利,应有投资者受损的补偿机制;国有股东应享有与其他股东同等的参与分红的权利;应建立保护利益相关者的道德准则。

4.2.1 竞争性国有企业应该确保以股东为核心的所有利益相关者得到公平对待,尤其对于中小股东,要有特别的保护性制度安排,以防止其可能遭受的侵害。

竞争性国有企业应该体现以股东为核心的所有利益相关者的利益,并认可所有利益相关者在企业的权利,尤其是投资者对国有企业资本的权利。竞争性国有企业应该保证所有利益相关者,尤其是中小股东的利益不被直接或间接地侵害,并且建立特别的保护性制度。竞争性国有企业应该认识到,如果对于中小股东缺少特别的保护性条款,其利益有被大股东或内部人侵害的巨大风险。竞争性国有企业不能为某些特殊利益集团服务,应该禁止内幕交易和滥用自我交易,以防止可能造成的利益损失和侵害。

竞争性国有企业应该制定关于公平对待所有利益相关者,尤其是中小股东的指导方针,确保企业特别是其董事会充分意识到企业与利益相关者之间关系的重要性,并且积极增强和理顺这种关系,使得这种关系有利于企业的稳定和持续发展。

4.2.2　竞争性国有企业中的国有股东不应具有特别的权力，其与其他股东在法律地位上是相同的。

国家尽管是竞争性国有企业的大股东，但在企业中不应具有特别的权力。在企业中，国家与其他股东在法律地位上是相同的。国家和其他股东必须按照公司法等国家相关法律以及公司章程，在企业中履行权利。国家应该保证不能滥用权力，不能借助大股东的地位来干预公司决策，也不应该干预董事会的组成。在企业决策中，国家和其他股东均应按照股东大会和公司章程的规定享有投票权。对于中小股东的权利，国家作为大股东必须给予尊重和保护。为了保护中小股东和其他利益相关者的利益，国家作为大股东应该促使公司加强信息透明度，不能为了某些特殊利益集团而改变资本结构和独享企业信息。

4.2.3　竞争性国有企业应该对所有利益相关者高度透明，任何隐瞒和欺诈性信息都应视为对利益相关者的侵害而被惩治。

竞争性国有企业应该保证信息的高度透明，这是保护所有利益相关者利益的重要保证。不应该允许任何隐瞒和欺诈性信息，这种行为应视为对利益相关者的侵害，并得到具有威慑力的惩治。利益相关者应该能够接触所有必要的信息，国家作为大股东不应以其特殊的地位优势，对所获得的信息进行滥用，所有信息对所有股东应一视同仁。无论关于信息披露的法律和规则的质量和完整性如何，竞争性国有企业都应该建立起保证所有利益相关者，尤其是中小股东都能便利、公平、低成本地获取信息的机制和程序。企业的任何协议，包括覆盖董事会成员的信息协议，都应该予以披露。

4.2.4　竞争性国有企业应该制定与所有利益相关者进行交流和征求意见的积极政策，尤其应建立投资者关系机制。对于利益相关者的合理建议，要认真吸取；对于利益相关者的诉求，要及时回应并提供解决方案。

建立企业与利益相关者的交流和沟通机制，尤其是建立投资者关系机制，是竞争性国有企业获得利益相关者尤其是投资者认可和支持，保证企业可持续发展的重要机制。应该明确企业董事会拥有对利益相关者发布信息的义务。企业应该以及时和便利的方式，让所有利益相关者对重要事件、重要会议和重要决策及时知情，并应该向所有利益相关者提供所要决策的议题的充足信息，通过充分的信息发布，征求利益相关者尤其是投资者对企业的意见，并及时给予反馈。对于利益相关者的合理建议，要认真吸取；对于利益相关者的诉求，要及时提供解决方案；对于不采纳的建议，要给予充分的解释。

4.2.5　竞争性国有企业应该为中小股东参与决策提供便利，应采取有效措施确保其参与决策的权利。

竞争性国有企业应该让中小股东消除疑虑，保证他们的利益得到有效保护。为此，应该保证中小股东参与决策的充分权利，并创造条件鼓励中小股东积极参与决策。为便于中小股东行使权利，企业可以采用特殊的机制，如累积投票制，同时通过便利的缺席投票、推广使用电子投票和网上股东大会等形式，降低中小股东参与决策的成本。但是，保护中小股东参与决策的权利，并不意味着中小股东有凌驾于大股东之上的权利。保护中小股东的任何特殊机制，都应该既充分体现公平对待所有投资者的理念，又不会妨碍国家作为大股东的合法利益，同时也需防止中小股东在没有道理或无根据的情况下阻碍决策程序。

4.2.6　竞争性国有企业应该充分报告与利益相关者的关系，应促进利益相关者成为企业利益的忠诚维护者。

竞争性国有企业应该充分报告企业与利益相关者的关系，以证明它们要透明经营的意愿和对利益相关者的承诺。充分报告可以增强利益相关者的信任并改善企业的声誉，同时有利于促进利益相关者成为企业利益的忠诚维护者。当企业在社会或环境政策上有特殊目标时，应该向利益相关者充分报告和披露，以获得利益相关者的认可和支持。应鼓励竞争性国有企业委托第三方机构对其提供的利益相关者报告进行独立检查，以增强报告的可信度。

4.2.7　竞争性国有企业应建立利益相关者尤其是投资者利益受损的补偿机制，任何因企业人为因素导致的利益损失都应得到足够救济。

应该充分认识到，竞争性国有企业外部的利益相关者，尤其是投资者，与企业内部的经营者之间因可能存在着信息不对称，而导致内部人借助信息优势故意欺瞒外部的利益相关者。因此,应该建立利益相关者尤其是投资者利益受损的补偿或救济机制。这种补偿或救济机制应该在法律上得到确认,并制定便于实施的程序机制。这种机制有助于避免内部人控制,有助于提升内部人对投资者负责的责任意识。同时,对于大股东对其他利益相关者尤其是对中小投资者的侵害,也适用于同样的补偿或救济机制。

4.2.8　竞争性国有企业应建立有吸引力的分红制度,以激励股东成为长期投资者而非投机者。

分红是竞争性国有企业吸引股东长期投资的重要机制。股东投资企业的主要目的是资本增值,竞争性国有企业应该实现股东资本增值的目标。对股东资本增值的最好反馈,是建立有吸引力的分红制度,通过分红可以体现股东分享企业经营成果的权利。有吸引力并且合理的分红制度,能够刺激股东成为企业的长期投资者而不是短期投机者,而长期投资能够避免企业的动荡,实现企业的长期发展。

4.2.9　竞争性国有企业中的国有股东享有与其他股东同等的参与分红的权利,并应明确国有股收益属于公众,公众享有通过国家财政分配国有股收益的权利。

竞争性国有企业的国有股东和非国有股东,享有同等的权利,包括参与分红的权利。应该明确,国有股的最终股东是社会公众,作为代理人的政府无权放弃参与分红,或者把获得的红利未经最终股东同意而重新投资企业。竞争性国有企业应明确国有股的收益归属于社会公众。国有股东参与分红的权利,体现了社会公众分享国有资本增值成果的权利。竞争性国有企业中的国有股收益应该归属国家财政,社会公众通过国家财政分配来直接或间接享有这部分收益,这与其他股东直接享有投资收益的方式不同。

4.2.10　竞争性国有企业党委会应该会同董事会制定、实施和传达符合规程的、保护利益相关者的、积极向上的道德准则。

竞争性国有企业党委会应该会同董事会,制定和实施高尚的道德标准。竞争性国有企业追求利润最大化,是正常的经营行为,但不应因追求利润最大化而背弃企业应有的职业道德。

竞争性国有企业的全体员工,包括董事、高级经理和普通职员,应当以高尚的道德标准要求自己。企业应该建立内部道德准则,并承诺自觉遵守。道德准则应该积极向上,体现对利益相关者的保护,并适用于整个企业及其附属机构。对于规范全体员工的行为和守法标准,道德准则应该给予清楚和详细的指导。为了使道德准则与全体员工和所有利益相关者挂钩,制定过程应该保证所有利益相关者的共同参与。

道德准则应该包括保证中小股东权利的特殊保护机制,也应该包括维护消费者利益的保护机制。应该包括企业员工能够报告违法或违反道德准则行为的程序。竞争性国有企业也应当确保员工(无论是个人还是通过他们的代表机构)的投诉得到充分回应。竞争性国有企业的董事会可以准许员工或他们的代表,直接或间接地接触董事会中的独立董事或企业内部专门调查舞弊和听取批评意见的人员。道德准则还应该包括当投诉被发现是没有道理和事实上无意义、无根据时,所采取的纪律措施。

4.3 董事会治理

竞争性国有企业应建立董事会并保证其独立性;董事选举程序应公开透明,并应采取累积投票制;独立董事应过半数并担任专门委员会召集人;应明确董事会对股东的受托责任,履行战略制定和监督管理层的职能;董事会与党委会的职责应明晰;国有资产监管机构不应拥有获取企业信息的独特权力;董事会应对投资者的质询及时给予回应;董事会应建立具有法律效力的董事会议事规则。非高管董事的薪酬应分类确定。

4.3.1 竞争性国有企业应建立董事会并保证其独立性。

董事会是企业出资人(股东)和企业以外其他利益相关者与企业经营管理者之间联系的纽带。董事会把提供资本的股东与使用这些资本创造价值的经营管理者联结起来,统筹协调股东、高管、职工、消费者等利益相关者之间的利益关系。竞争性国有企业建立董事会制度的必要性主要在于：第一，建立董事会是《公司法》的基本要求，健全的董事会是建立现代企业制度和规范公司治理的重要体现；第二，董事会制度能有效分离企业的决策层与执行层，减少股东与经营层之间因可能的利益冲突所产生的代理问题，董事会代表以股东为核心的利益相关者的利益，负责战略决策和对决策执行的监督，经营管理层负责决策的执行；第三，董事会制度的实施有助于实现集体决策和科学决策，减少"一言堂"问题，董事会成员背景的多样性可以为决策提供不同视角的和专业的意见，从而提高决策的科学性。

竞争性国有企业的董事会具有完全的独立性，政府和国有资产监管机构不应该干预董事会的独立性。国有资产监管机构作为国有股代表只能推荐自己的代理人参选董事，不应越过股东大会对董事会的独立决策施加影响。董事会秘书应是专职，不应由管理层兼任，但享受高管待遇。政府应从法律层面上保证董事会的独立性。

4.3.2　**竞争性国有企业董事的选举程序应公开透明，所有投资者都有权利提名董事候选人，亦可由董事会提名委员会提名；股东大会上董事的选举应实行累积投票制，以保障中小股东的权益；董事会也应该有职工代表。**

应该明确，竞争性国有企业董事会是以股东为核心的所有利益相关者的代理人，董事应该由股东大会公开选举产生，包括中小股东在内的所有股东作为委托人均有权提名董事候选人。企业董事会应下设提名委员会，负责制定董事的选择标准、选聘程序及继任计划，并对相关人选进行考察。董事选聘标准和程序应该经过股东大会讨论通过并予以公布。董事的选举权必须赋予股东，董事必须经过股东大会选举产生。为了保护中小股东的权益，克服国有股"一股独大"可能带来的对中小股东的侵害，董事选举应实行累积投票制，使中小股东代表能够有更大机会进入董事会。为了保障职工利益，董事会中也应该有职工代表，候选人由职工代表大会或工会选举或推荐。

4.3.3 竞争性国有企业董事会中应拥有足够数量的、具有独立判断能力以及相应专业知识和管理经验的独立董事;独立董事应过半数,以保证董事会的独立性,防止内部人控制。

竞争性国有企业董事会中应包括足够数量的、独立的和专业的独立董事。独立董事应该代表以股东为核心的所有利益相关者的利益,而不是代表某个特殊个体或群体。独立董事应具有相关的业务专长和管理经验。独立董事应更多的来自职业经理人市场,以增强来自市场对独立董事的约束力量,并能够因其丰富的管理经验而提升董事会决策的科学性。独立董事中应该有财务和法律专业人士,且应该具备财务和法律方面的实际经验。独立董事不应该谋求更多的报酬,以保证其独立性不受影响。为了增强董事会的独立性,防止内部人控制,独立董事的数量应该超过董事会全部董事的一半,董事长和总经理应该分任,可以由独立董事担任董事长。在内部人担任董事长的企业中,可以建立由独立董事担任首席董事的制衡制度,首席董事作为董事会中独立董事的牵头人,主持召开没有管理层参与的独立会议,会后应就会议意见与内部董事充分沟通并力求达成一致。

4.3.4 竞争性国有企业董事会应设置相应的专门委员会,包括审计委员会、提名委员会、薪酬与考核委员会等,专门委员会中独立董事应占多数并由独立董事担任召集人。

竞争性国有企业董事会应按照股东大会的有关决议,设立审计委员会(或者审计和风险管理委员会)、提名委员会、薪酬与考核委员会等专门委员会,作为董事会的专门工作机构,为董事会决策提供咨询意见和建议,并制定相应的专门委员会议事规则,规范专门委员会的运行。董事会专门委员会中独立董事应占多数并由独立董事担任召集人,审计委员会中至少应有一名独立董事是财务专业人士。根据企业实际情况,经董事会通过,董事会也可以设立其他专门委员会并规定其职责。当董事会专门委员会设立时,其人员任命、构成和工作程序应该定义明确并由董事会公告。

4.3.5　竞争性国有企业应明确董事会作为股东的代理人，对股东的受托负责，董事会应公平对待所有股东。

在股权多元化的竞争性国有企业，董事会是全体出资人的代理人，而不仅仅是国有股东的代理人。董事会接受全体股东委托，对所有股东利益负责，保证全体股东利益的最大化。董事会应公平对待所有股东，不能对中小股东有歧视性待遇。应防止大股东侵占中小股东和其他利益相关者利益。董事会的信息披露应该对所有股东一视同仁，不应提前向大股东披露企业信息。

4.3.6　竞争性国有企业董事会根据企业价值最大化的经济目标，履行战略制定和监督管理层的职能，董事会有权选聘和撤换总经理(CEO)。

竞争性国有企业的目标是企业价值最大化，进而实现股东回报的最大化。董事会接受股东委托，负责战略制定并对管理层的战略执行过程进行监督。为对管理层实施有效监督，选聘和解聘总经理的权力必须授予董事会，同时应该明确董事会要对选聘的总经理的行为承担责任。董事会通过薪酬委员会对高管的经营业绩进行考核并决定高管薪酬，高管薪酬应与公司实际绩效挂钩。

4.3.7　竞争性国有企业应明确董事会与党委会的关系，二者职责应明晰，并披露交叉任职和分工情况。

董事会主要负责企业战略制定和对管理层的监督，党委会主要负责党政工作，二者工作虽然各有侧重，但在参与企业重大决策上，特别是“三重一大”(重大决策、重要人事任免、重大项目安排、大额资金运作)事项上，二者工作又有交叉。竞争性国有企业董事会必须明确董事会和党委会的职责和分工，明确二者各自的决策范围和事项，以及必须由二者共同决策的范围和事项，并向全体股东进行充分披露。应该明确，企业最终决策权属于董事会，而不属于党委会，党委会不应凌驾于董事会之上。董事会和党委会成员可以通过“双向进入、交叉任职”的方式实现共同决策。但党委会进入董事会的人数应该受到限制，为了减少决策冲突，党委会和董事会应该建立沟通和交流机制。交叉任职情况必须向全体股东进行充分披露。

4.3.8 竞争性国有企业董事会应同时向国有资产监管机构和其他投资者发布董事会报告和其他信息，国有资产监管机构不应拥有获取企业信息的独特权力，也不应提前获取企业信息。

竞争性国有企业董事会应落实年度评估制度，以评价自身履行职责的情况，董事会应定期编写并向全体股东同时发布董事会报告。董事会报告的主要内容应包括董事会人员构成、董事出席会议情况、董事会会议决策情况、专门委员会会议决策情况、董事履职情况，履职过程中存在的问题以及相应的改进措施。国有资产监管机构作为国有股东代表，与其他股东享有平等的获取董事会报告及其他信息的权利。国有资产监管机构不应拥有获取董事会信息和其他信息的独特权利，也不应提前获取董事会信息和其他信息。董事会应履行对全体股东的受托责任，保证全体股东知情权的平等性，不能提前或额外向国有资产监管机构提供董事会信息和其他信息。

4.3.9 竞争性国有企业董事会应向国有资产监管机构和公众单独公布国有股保值增值信息。

对于股权多元化的竞争性国有企业，国有资本与非国有资本构成企业资本的全部。董事会接受全体股东委托，保证所有资本能够最大化增值。一般情况下，董事会应该向所有股东发布资本增值信息，而不必单独向某个股东和某类股东发布资本增值信息。但基于国有资本的最终所有者是全体公众，公众有权了解国有资产的经营情况，董事会应该向国有资产监管机构和全体公众单独公布国有股保值增值情况，或对该类信息在董事会发布的报告中予以单列，以接受国有资产监管机构和全体公众的监督，保证公众的知情权。

4.3.10 竞争性国有企业董事会应定期、不定期地接受投资者的质询和建议，对投资者的意见和诉求，董事会应及时给予回应。

竞争性国有企业董事会应该制定与全体股东进行交流和征求意见的积极政策，董事会应设立投资者关系部门，并通过网络、电话、现场接待等方式定期、不定期地接受投资者的质询和建议，保证投资者的知情权和监督权。对于投资者提出的合理意见和诉求,董事会应及时做出回应,并将投资者意见反馈与回应结果向全体股东公布。

4.3.11　竞争性国有企业董事会应建立规范的、具有法律效力的董事会议事规则,定期召开董事会会议并建立董事会备忘录制度。

竞争性国有企业董事会应制定规范的、具有法律效力的董事会议事规则,以确保董事会高效运作和科学决策。董事会议事规则主要内容包括:(1) 董事会的职责与权限,应明确董事会议事的范围;(2) 董事会议事的程序,包括材料的准备、会议通知、委托代理、表决机制等;(3) 董事、董事长在议事时的权利、义务和责任。另外,董事会会议记录应完整、真实,董事会秘书对会议所议事项要认真做好记录和整理,出席会议的董事、董事会秘书应在会议记录上签名,董事会会议记录应作为企业重要档案妥善保存,以作为日后明确董事责任、承担或免除责任的重要法律依据。

4.3.12　竞争性国有企业董事会中的非高管董事的薪酬应分类确定。政府董事应设为外部董事,其薪酬应参照对应的公务员标准确定;对于独立董事,则不享受薪酬待遇,其在任职企业获取的收入是车马费和少量津贴,对其应更多地采用声誉激励,以保证其独立性。

竞争性国有企业董事会应由三类人员构成,分别是政府董事、独立董事和高管董事,他们的来源不同,职责不同,薪酬也应不同。其中,政府董事由政府委派,代表国有资本出资人的利益。为保证政府监督的独立性,政府董事应设为外部董事,其薪酬参照同级公务员标准确定,并根据其贡献有一定的奖励。独立董事应是财务、法律以及与任职企业业务相关的其他专业人士,由股东大会从经理人市场公开选聘。为保证独立董事的独立性,独立董事在任职企业不享受薪酬待遇,其作为独立董事的补偿应是车马费和少量津贴。对独立董事的激励不是来自薪酬,而是声誉。为保证声誉机制能够发挥作用,应该建立职业化的经理人市场,该市场应是透明的、具有惩戒性的,能够反映职业经理人的能力和诚信。

4.4 财务治理与信息披露

竞争性国有企业应实现财权配置的规范化和财务监督的制度化和常态化；应加强财务控制，防止财务风险；应详细披露股息分配方案；应防止大股东“掏空”企业等问题；应实现信息的高度透明化，对于信息隐瞒和欺诈应有严格的惩罚机制。

4.4.1 竞争性国有企业应实现财权配置的规范化，以保护各财务主体的利益。

财权配置的规范化是竞争性国有企业保护各财务主体的重要制度安排。竞争性国有企业完全按市场规则运作，追求企业价值最大化，不承担公共职能(但鼓励其自愿承担社会责任的行为)。为实现企业价值最大化目标，应该推动竞争性国有企业财务治理的全面市场化。为保护各财务主体的利益，应实现财权配置的规范化，确保竞争性国有企业财权不受干预。政府必须放弃对竞争性国有企业的各种保护，既不赋予其任何行政垄断地位，也不给予任何政策支持，让他们在市场上与民营企业进行平等的、优胜劣汰的竞争。有公平的竞争，企业才会有创新的动力，对各财务主体才更有激励，促使他们关心企业发展以实现自身的财务权益。

4.4.2 竞争性国有企业应促进财务监督的制度化和常态化，以防止可能的财务失真和欺诈。

应建立健全竞争性国有企业的监督体系，促进财务监督的制度化和常态化。竞争性国有企业应按照现代公司治理规范，通过独立董事、监事会、审计委员会等内部监督体系建设，加强企业内部财务和决策体系的科学性，防止可能的财务失真和欺诈；通过加强外部审计、大众媒体、社会公众等外部监督，及时制止及纠正企业可能存在的违规行为。

4.4.3　竞争性国有企业应强化财务控制，尤其应加强内部控制，以防止可能的财务风险。

为防止由于宏观经济政策波动或企业运营操作性失误可能导致的财务风险，应强化竞争性国有企业的财务控制，加强对权力的制约和控制。尤其需要加强企业的内部控制制度。通过构建和优化内部控制体系，以契约形式保证企业内部利益各相关方权责的合理分配、权力的有效制衡、流程的优化安排。健全的内部控制体系有助于内部各种契约的有效执行，减少企业股东和管理层之间的代理问题，提高企业内部运营效率，增强企业抵御风险的能力，从而充分发挥竞争性国有企业的市场活力。

4.4.4　竞争性国有企业应详细披露股息分配方案，如不分配，应做出充分的说明。

竞争性国有企业应该认识到，股息和红利分配是保护股东利益，鼓励股东长期投资，促进企业可持续发展的重要制度形式。企业应该按市场原则按时足额向股东分配股息和红利，股息和红利的分配应该对国有股东和非国有股东一视同仁。当企业因扩大生产或者因企业亏损而不预备股息发放或分红时，应提前向社会公开披露，并对原因做出详细的说明。当因企业发展需要不分红时，应披露企业现有资金规模、扩大生产的战略性目标、资金占用规模与项目预计进度安排；当企业因亏损而不分红时，应披露企业的亏损金额、预计未来三年的盈利和现金流。

4.4.5　竞争性国有企业应防止可能的大股东“掏空”，以及内幕交易、关联交易等问题，应有严格的防范措施。

竞争性国有企业应全面遵循市场化机制，切实保护中小股东利益，防止大股东或者其他关联方通过内幕交易、关联方交易、资金占用等渠道侵占中小股东利益。应通过发挥企业内部监督和控制体系的作用，杜绝内幕交易，对于违规者，无论金额大小，有无获利，都应该严格按照相关法律和法规进行制裁或惩罚；应严格执行监管机构关于关联方交易的相关规定，详细披露关联方交易的金额、关联定价机制等信息；应充分发挥企业内部控制体系的防范功能，加强社会审计和大众媒体等第三方机构对涉嫌利益转移或其他非正常动机的关联方交易的监督力度。

4.4.6 竞争性国有企业应按照现代公司治理规范,清晰、完整、及时披露公司信息,实现公司信息的高度透明化。对于隐瞒信息或提供虚假信息的行为,应有足够威慑力的惩罚机制。

竞争性国有企业信息披露应全面市场化和制度化。应按照现代公司治理规范,清晰、完整、及时地披露企业信息,要将信息披露作为降低企业内部人与全体股东之间信息不对称的重要途径。竞争性国有企业应定期将董事会状况、公司治理状况、股权变动状况、内部控制状况、财务及盈利状况,以及与其他国有企业和民营企业的关联交易状况等信息进行全面披露。对于隐瞒信息或提供虚假信息的竞争性国有企业,应严格执行相关法律或法规的监管与惩罚规定,惩罚力度应具有足够大的威慑力,以最大可能提高违规成本,降低违规频率。

4.5 高层管理者激励与评价

竞争性国有企业高层管理者应由董事会独立从经理人市场中选聘,应允许非国有企业经营者成为国有企业高层管理者;对高层管理者贡献的评价应以企业绩效和经营风险为标准;高层管理者薪酬应是市场化的,不应设定上限;激励形式应是多样化的,但应特别注重长期激励形式;高层管理者不应享有行政级别和待遇。

4.5.1 竞争性国有企业高层管理者应由董事会独立从经理人市场中选聘,竞争上岗;政府应大力推进职业经理人市场建设,以此强化经理人市场对高层管理者的约束。

竞争性国有企业以追求利润最大化为首要目标,没有任何强制性社会公共目标。因此,竞争性国有企业应当根据公司法,由董事会独立从职业化的经理人市场中选聘企业高管,以选择到适合企业发展的、有很强能力的、具有企业经营经验的、信誉高的经营者。但是,从经理人市场中选择经营者,有赖于经理人市场的成熟与完善,有赖于经理人声誉的透明与公开,由此选择的经营者,会受到经理人市场的很强约束。因此,政府应大力推进职业经理人市场的建设,以此强化经理人市场对高管的制约,使其尽最大努力实现企业价值最大化。

4.5.2　竞争性国有企业高层管理者可以来自非国有企业,经营能力应该成为选择高层管理者的主要依据。

竞争性国有企业高管的来源包括内部提升和外部选聘两种途径,这两种途径各有所长,应当依据企业的具体需求决定选聘方式。其中,在从外部选聘高管的情况下,高管可以来自其他国有企业,也可以来自非国有企业。在经理人市场相对完备的前提下,竞争性国有企业应当将经营能力作为选择高管的主要依据,从人力资本、关系网络、战略管理、社会责任等方面综合考核应聘者的企业家能力,选择与企业需求相匹配的高层管理者。

4.5.3　对竞争性国有企业高层管理者贡献的评价应以企业绩效和经营风险作为标准。

竞争性国有企业的目标是利润或企业价值最大化,因此能否实现利润或企业价值最大化是评价高管行为的主要标准。利润最大化一方面表现为企业绩效的高低,另一方面则表现为这些绩效所承担的经营风险。因此,竞争性国有企业高管的贡献应以企业绩效和经营风险作为评价标准,以促进企业高管以一定的经营风险,创造尽可能高的经营绩效。

4.5.4　竞争性国有企业高层管理者的激励来自市场化的薪酬,国有资产监管机构不应对高层管理者薪酬设定上限,薪酬多少应考虑高层管理者的实际贡献。

在政府没有任何资源和政策支持的前提下,竞争性国有企业的高管来自市场,其薪酬也应由市场决定。在具体薪酬制定中,应参考同行业、同规模、同地区其他竞争性企业的高管薪酬水平,在科学评价企业绩效的基础上,对高管绩效做出客观评价,并以此作为竞争性国有企业高管薪酬支付的依据。国有资产监管机构不应对企业高管薪酬设定上限,薪酬多少应考虑高管的实际贡献。尤其在股权多元化的竞争性国有企业中,尽管国有股东是大股东,但不是唯一股东,高管薪酬多少应由市场决定。另外,竞争性国有企业的高管薪酬应当公开透明,以此促进经理人市场均衡价格的形成,并对高管形成激励。

4.5.5 竞争性国有企业高层管理者的激励形式应是多样化的,应特别注重长期激励形式。

不同于公益性国有企业和自然垄断性国有企业,竞争性国有企业的高管薪酬形式应是多样化的。竞争性国有企业的高管薪酬应采用现金激励与股权激励相结合,短期激励与长期激励相促进的薪酬包。利用这种薪酬工具将高管个人利益与股东利益联系起来,使得高管在最大化自身利益的同时,实现股东价值最大化。

4.5.6 竞争性国有企业高层管理者应取消行政级别及相应的行政待遇,不应把政治地位提升作为激励形式。

公益性国有企业和自然垄断性国有企业的高管选聘和薪酬决定处于行政体系中,而竞争性国有企业的高管选聘和薪酬决定则处于市场体系中,这两个体系应当是独立的、没有交叉的。企业高管如果享受了行政体系中的级别待遇,就不能再享受市场体系中的市场化薪酬;如果享受了市场体系中的市场化薪酬,就不能再享有行政体系中的级别待遇。因此,竞争性国有企业高管来自市场,薪酬就应由市场决定,应取消其行政级别,使其不再享有相应的行政级别和待遇。

4.6 社会责任

竞争性国有企业应充分保证公平的竞争环境和秩序;应诚信守法,忠实履行纳税、保护投资者和员工权益的义务;应支持和鼓励企业自愿承担社会责任;应建立健康向上的企业文化,及时和客观地提供社会责任报告。

4.6.1 竞争性国有企业应充分保证社会的公平竞争环境和秩序。

竞争性国有企业以追求利润最大化为首要目标,没有任何强制性社会公共目标。竞争性国有企业的运行必须遵循市场经济的基本规则。企业应该认识到，市场经济是一种自由、平等、竞争、法制的经济。由于历史原因，国有企业得到政府的强力支持，掌握着民营企业所没有的独特资源，从而不可避免地对其他市场主体产生了不利影响。但随着市场经济的成熟，政府应该放弃对竞争性国有企业的政策和资源支持。应该使所有企业认识到，国有企业和非国有企业都是社会主义市场经济的重要组成部分，国有产权和非国有产权均不可侵犯，国有企业与非国有企业之间竞争应该基于平等原则。国有企业不能借助政府支持进行不公平竞争，而应该充分保证社会的公平竞争环境和秩序，这是竞争性国有企业的首要社会责任。

4.6.2 **竞争性国有企业应遵纪守法，履行诚信义务，向社会提供高质量的、安全的产品和服务。**

竞争性国有企业与市场中其他企业主体一样，应该守法经营，忠实履行诚信义务，向社会提供高质量的、安全可靠的产品和服务。企业应该认识到，诚信守法是市场经济的基本规则，也是企业可持续发展的重要保证。而不守信不守法，带来的只是短期利益，最终将被市场所淘汰。国有企业作为社会主义市场经济的重要组成部分，在诚信守法方面应该发挥示范作用。

4.6.3 **竞争性国有企业应充分认识自己应承担的法定纳税义务，按时足额上缴税款。**

税收是国家财政收入的主要来源。竞争性国有企业以利润最大化为目标，应该承担纳税义务。企业应该认识到，依法纳税是每个竞争性企业应尽的义务，在追求利润最大化的同时，应牢记作为国有企业所应当承担的责任，足额、及时纳税就是企业承担社会责任的一种重要体现。

4.6.4 **竞争性国有企业应充分保护投资者权益，及时足额向投资者分配股息红利。**

投资者是竞争性国有企业的最重要的利益相关者。投资者为企业提供资本不是无偿的，而是追求最大回报；只有获得最大回报，投资者才会具有维持和追加投资的动力；企业拥有了稳定的资本，才具有可持续发展的源泉。因此，竞争性国有企业应该根据资本市场规则，让投资者尽可能全面地了解公司的生产经营状况，制定切实合理的分红方案，及时、足额地向投资者分配股息和红利。这既是对投资者利益的保护，也是使投资者从投机者转变为理性投资者的重要机制，更是企业谋求长期、稳定发展的重要保障。

4.6.5　竞争性国有企业应忠实履行与员工的合同义务，切实保障员工利益，尽最大努力使员工收入增长不低于企业业绩增长。

企业员工是企业内部最重要的利益相关者之一。企业与员工之间是建立在契约基础上的经济关系，切实保障员工利益，实现员工收入增长与企业增长同步，可以调动企业员工的积极性和主动性，进而有利于提升企业的竞争力和发展后劲。更重要的是，由于很多员工的资产(技能)存在专用性，他们对于企业的关心甚至胜过投资者，因为他们的风险不能转移，或者转移的成本很高。所以，企业应该把员工作为稀缺的资源来对待，充分发挥他们的技能，关心他们的生活和工作，切实保障他们的利益，通过员工收入增长与企业业绩增长同步，极大地调动他们的积极性。

4.6.6　对于竞争性国有企业自愿承担社会责任的行为应给予支持和鼓励，尤其应支持和鼓励企业积极参与社会公益性项目。

竞争性国有企业以追求利润最大化为目标，没有强制性社会公共目标。但是，随着社会文明程度的提高，企业自愿承担社会责任越来越普遍，各国政府也普遍鼓励企业自愿承担更多的社会责任，自愿承担社会责任的普及程度已经成为衡量一个国家文明程度的重要指标。

企业承担社会责任包括两种情况：一是义务性质的社会责任，如企业对周围环境的保护；二是非义务性质的社会责任，如慈善捐款。前者是企业的法定义务，是必须要履行的；后者不是法定义务，属于自愿性履行社会责任。

对于非义务性质的社会责任，尽管可以为企业带来广告效应，能够为企业带来长期利益，但短期内的损失也是客观存在的。因此，政府应该通过舆论宣传，使企业承担这类社会责任的收益超过成本。政府还应该支持相关机构建立社会责任评价体系，并定期公布于众，以对企业的非义务性质的社会责任予以彰显。

4.6.7　竞争性国有企业应建立健康向上的企业文化。

在现代市场经济中，健康向上的企业文化是一家企业长期发展的重要力量。企业文化是体现企业道德的灵魂因素，它影响着企业的经营行为，企业在其引导下能够主动地遵循什么该做和什么不该做的基本原则。健康向上的企业文化意味着企业拥有良好的职业道德，而且对这种良好的职业道德具有充分的认知，并在实际工作中自觉遵守这种职业道德。企业自愿承担社会责任就是企业拥有良好企业文化的重要体现。企业应该将社会责任融入到企业文化建设中去，一家具有社会责任感的企业会自觉地采取符合企业职业道德的行为，摒弃有损利益相关者利益的行为。因此，对于竞争性国有企业而言，建立健康向上的企业文化非常重要。

4.6.8　竞争性国有企业应及时、完整、客观地提供社会责任报告。

竞争性国有企业应把社会责任置于战略高度，并定期、不定期与企业利益相关者沟通，以强化社会责任在企业战略制定和执行中的重要地位。企业应该认识到，企业社会责任战略的有效实施必须依赖于有效的社会责任沟通机制。有效的社会责任沟通机制的关键部分是信息、评价、报告和传播系统，用以确保整个社会责任系统能得到有效控制。企业应做好责任沟通计划，有效管理沟通内容，按计划有步骤地对企业社会责任管理的工作方式和成果进行充分交流。投资者拥有企业承担社会责任的充分知情权，企业应该定期发布社会责任报告，以使投资者了解和认可企业承担社会责任的必要性和重要性。

4.7　法律与政府监管

国家和政府应建立确保竞争性国有企业与其他竞争性企业地位平等的法律制度；应制定投资者保护法案、利益补偿法案和对责任人的惩罚法案；应建立国有资本收益归国家并使公众受益的机制；应避免行政干预；应有防止企业高管腐败的法律制度。

4.7.1 国家和政府应建立确保竞争性国有企业与其他竞争性企业地位平等的法律制度，竞争性国有企业可以有专门法律，但必须建立在公司法等规范市场主体的商事法律的基础上。

为实现政府通过竞争性国有企业调控经济的目的，促进竞争性国有企业的发展，可以制定专门的竞争性国有企业的法律规范和政府监管制度，但这些法律规范和监管制度不能违反公司法、证券法、投资者保护法、税法等相关商事法律的原则和强制性规定。法律应该明确竞争性国有企业不因国家出资设立而拥有特殊的市场主体地位，政府应该同等保护与竞争性国有企业进行交易的市场主体。竞争性国有企业与其他竞争性企业一样，均接受公司法等商事法律的规范。

规范竞争性国有企业的法律和监管制度，应以提高竞争性国有企业的价值为核心，关注竞争性国有企业中国有资产的增值，政府监管机构不应干预竞争性国有企业的人事和经营，但可以委托代表参选董事和进入董事会，通过董事会传递国有资本投资者的意志，但不应把自己的意志强加给其他投资者。

4.7.2 政府应制定投资者保护法案，重点保护中小投资者，建立有效的救济机制和惩罚机制，保证国有股东与其他股东的地位平等。

法律应鼓励竞争性国有企业吸收国内私人资本和境外资本入股企业，发展混合所有制经济，推动有条件的竞争性国有企业上市交易。

为保护投资者的合法权益，应制定专门的投资者保护法案，法案应有保护中小投资者的特别条款，以保障投资者的知情权、参与权、监督权和求偿权。法案应明确当投资者利益受到损害时，应有有效的救济机制和补偿机制，以及对侵害人的惩罚机制。

法律应明确竞争性国有企业的其他股东与国有股东享有同样的权利和义务，国有股东不享有特别的权利。

国家和政府应完善公司法等相关法律制度，切实保障竞争性国有企业的中小股东可以通过诉讼等途径维护自己的合法权益。法律应严厉惩戒竞争性国有企业侵害非国有股东利益的行为，相关责任人须承担应有的法律责任，包括民事责任。

4.7.3　政府应建立竞争性国有企业中的国有资本收益归属国家并用于公众的机制。

不论是国家独资的竞争性国有企业，还是股权多元化的竞争性国有企业，法律都应该明确企业中的国有资本收益归属国家，民营资本收益归属对应的市场主体。法律应该明确规定竞争性国有企业中国有资本收益的上缴方式、额度计算方式，以及收益分配和使用规则，并按照规则执行，以接受最终出资人即公众的监督。国家和政府应防止竞争性国有企业通过向政府游说获得某些优势，并借助这些获得垄断地位，操纵价格，谋取高额利润，变相提高内部人员福利，侵害其他市场主体的利益。

4.7.4　政府监管机构不应对竞争性国有企业施以行政干预，仅代表作为最终出资人的公众履行出资人职责，以出资人代表的身份对企业中的国有资产经营进行监督。

法律应该充分保障竞争性国有企业自主经营的权力。竞争性国有企业应该有独立的人事权和投资决策权，其产品和服务的价格由市场决定。法律应该禁止政府监管机构对竞争性国有企业的定价进行干预，政府监管机构不应强迫竞争性国有企业与某一特定主体签订合同。

法律应该明确政府监管机构仅代表公众履行出资人职责。政府监管机构不是竞争性国有企业中国有资本的所有权人，但是，作为出资人代表，法律应该赋予政府监管机构有对竞争性国有企业中的国有资本经营进行监督的权利。

4.7.5　法律应对竞争性国有企业的腐败问题有相应对策，明确企业高管应承担的法律责任。

竞争性国有企业的腐败问题更加具有隐蔽性，法律应建立一种合理的审查机制，授权政府监管机构对竞争性国有企业中的涉嫌合同腐败进行反腐审查。

竞争性国有企业的高管通过经理人市场聘请，法律要保护企业为高管提供的薪酬激励政策，保护高管的合法权益。但是，法律应严格区分竞争性国有企业的合理支出和不合理支出，要防范企业高管人员通过合同、不适当的激励政策等手段获得不当报酬。法律应强化股东对董事会，以及董事会对高管的监督机制，以降低高管腐败发生的概率。

法律应防止竞争性国有企业中的非国有股东侵吞国有资本，对企业中国有股份的转让和拍卖应有一套完善的监管程序。

法律应该明确竞争性国有企业高管因腐败所需承担的法律责任。企业高管因腐败构成犯罪的，要承担相应的刑事责任；对于实施了腐败行为但没有构成刑事责任的企业高管也应有明确的法律责任，比如提请董事会给予免职，或者禁止再次担任企业的高层管理职位。

附：

高明华国资国企改革评论

国有经济战略性调整应坚持的基本思路

2012 年,国务院批转《关于 2012 年深化经济体制改革重点工作的意见》,指出要“深入推进国有经济战略性调整,健全国有资本有进有退、合理流动机制,优化国有资本战略布局”。党的十六大以来,加快国有经济战略性调整一直是深化经济体制改革的重点和难点。若要既有效又合理地推动国有经济战略性调整,必须结合我国国有经济的发展历史和国有企业的不同属性,对国有经济进行分类布局、分类改革和分类治理。

一、国有企业的本质属性是公共性

从西方发达国家国有企业的产生来看,无论是宏观上的调控作用,还是微观上的提供公共产品和服务的功能,国有企业均是为了解决因市场失灵而出现的市场本身不能解决的诸多公共性问题而产生的。也就是说,公共性是国有企业的本质属性。

中国社会主义制度建立后,出于迅速工业化的需要,尤其是受苏联模式的影响,进行了大规模的社会主义改造。国有企业占据了国民经济的绝大部分领域,分布十分广泛。通过国有企业,国家控制了国民经济的主要命脉。1978 年改革开放后,相对于民营企业,国有企业的低效率日益明显,亏损日益严重。于是,国有企业市场化改革的序幕由此拉开,并且程度不断加深,国有企业数量也随之不断减少。但由于中国的特殊国情和诸多利益矛盾的存在,国有企业仍分布在国民经济的很多领域,在国民经济中仍处于主导地位。

然而,随着改革的不断推进,改革的误区也越来越凸显。突出的问题是:不分场合地或者过度强调国有企业的营利性和直接经济作用,追求利润几乎成了绝大部分国有企业的目标,甚至是唯一目标,而其公共性则被抛之脑后。在现实中我们不难发现,本应具有很强公共性的行业也市场化或部分市场化了;而在一些很强或较强的竞争性领域,国有企业仍处于垄断地位,出现了国民福利被少数利益集团剥夺的现象。

从发生在英国的一个实例也能清楚地证明国有企业必须坚持公共性的重要意义。英国于1994年开始实施铁路改革法案,至1997年完成。原国家铁路公司被120多家私营企业取代。1997年之后的五年间,英国铁路接连发生了13起严重事故,导致59人死亡,数百人受伤。Discovery(探索频道)制作的一部详细介绍1999年英国伦敦火车相撞事故的灾难调查纪录片,揭示了其原因所在:一是本应该统一经营的公共铁路被分别包给两个不同的私有企业,负责信号系统和负责运输的公司之间缺乏沟通;二是负责该线路运营的泰晤士列车公司在对新的安全系统进行成本核算之后,认为更新火车事故防御系统的费用大于事故发生后的赔偿,因而搁置了更新计划,宁可进行事故后的伤亡赔偿,也不愿意进行安全系统改造。由于事故频发,英国铁路私有化最终以政府重新收回国有而结束。

从经济学角度看,民营企业追求利润最大化是理性选择,因为民营企业作为理性经济人必然首先要考虑自身的成本和收益,而不是也不应该是公众的利益,这势必导致他们在公共产品或公共服务的质量或数量上大打折扣。因此,国有经济战略性调整的目的不是盲目地追求盈利,而是首先要把握国有企业的本质属性即公共性。

二、历史及国情决定国有经济应分类布局

国有企业公共性的本质属性并不排斥它在特定历史发展阶段也具有营利性或直接的经济作用。

国有企业通常具有两大优势：一是资金优势，二是强制力优势。许多发展中国家的"后发"优势在很大程度上都得益于国有企业的这两大优势。但需要说明的是，国有企业的这种特定功能只能在特定历史发展阶段和特定发展时期才能发挥作用。从长期来看，随着市场经济体制趋于完善，国有企业会逐步退出竞争性领域，而专门致力于发挥公共性作用。

中国是在经济发展水平十分落后的条件下进行市场化改革的，尽管经过了30多年的改革，但中国仍处于社会主义市场经济的初级阶段。在这种情况下，中国不可能完全走发达国家那样的市场经济自然发展的道路，而是仍然需要发挥国有企业的经济带动作用。另外，中国在坚持市场化改革的同时，还需要权衡在计划经济时期形成的各种利益格局，需要协调好各种利益矛盾，解决许多历史遗留问题，以在稳定中求发展，尽可能减少改革成本，这也是中国之所以选择渐进式改革道路的重要原因。在这一特殊的历史背景下，中国的国有企业与发达市场经济体制中的国有企业之间的性质和地位显然是有区别的。这种区别集中体现在，在社会主义市场经济的初级阶段，国有企业不仅是政府调控国民经济的手段，也是政府参与国民经济的重要手段，是推动国民经济发展和经济体制改革的主导力量。

这意味着，在我国社会主义市场经济的初级阶段，同时存在着不同类型的国有企业，它们的地位和目标是不尽相同的。因此，有必要对国有企业进行分类分析。这种分析既有助于对不同类型国有企业的绩效进行考核，也有助于产业结构的调整和优化，更有助于确立不同类型国有企业的改革方向。

我们可以将国有企业划分为公益性国有企业、合理垄断性国有企业和竞争性国有企业，它们的目标是不同的。公益性国有企业是指涉及公交、地铁、环卫、国防设施、公共卫生保健、义务教育等行业的企业，这类企业被赋予强制性社会公共目标，没有经济性目标，其作用是直接提供公共服务，以社会和谐和稳定为唯一目标。合理垄断性国有企业包括自然垄断性国有企业和部分资源类国有企业，前者涉及输电、管道燃气、自来水、铁路运输、水利基础设施建设等行业,后者涉及石油、黄金等矿产开采。这类企业以社会公共性作用为主,经济性作用居次。前者应不赔不赚,通过收支平衡来保证公众福利的极大化;后者则通过资源供求和价格机制来保证资源的有效利用。竞争性国有企业涉及电信、汽车、电子、钢铁、装备制造、新型建材、医药、金融、建筑、房地产、租赁、流通、旅游、文化等行业,这类企业以追求利润最大化为其首要目标,没有任何强制性社会公共目标。但其自觉提供公共服务是履行社会责任的行为,应予鼓励。

我国国有企业在社会主义市场经济初级阶段具有双重目标或基本作用:一方面它是国民经济发展的重要力量,与民营企业一样,它有很强的营利性,但这种营利性必须立足于公平竞争的基础上,这类目标主要通过竞争性国有企业来实现;另一方面,也是更重要的,国有企业是公共产品或服务的提供者,担负着调控国家宏观经济、为公众提供服务、推动和谐社会进程的历史使命,这类目标主要通过公益性国有企业和合理垄断性国有企业来实现。

三、不同属性决定国有企业应分类改革和分类治理

如上所述,不同类型的国有企业属性不同、目标不同,这就要求国有企业改革应该分类进行。分类改革的思路,既强调了国有企业的营利性,又兼顾了国有企业的公共性,这对于国有经济的发展,尤其是对于国民福利的提高,是非常现实的路径选择。

公益性国有企业的作用是直接提供公共服务,因此将其设置成以获取利润为目的的公司制企业是不合适的。目前,这类国有企业基本采取的是独资公司的产权组织形式。作为公司,它们受公司法约束,而且要追求盈利,这不符合公益性质,这类企业最好设置成特殊法人。

特殊法人企业是相对于普通商事企业而言的,是指依照专门法律设立和经营的具有专门职能的国有独资企业。其特殊性表面上在于受特别法

律规范，经营管理方式特别，本质在于其具有特别职能。从产权角度来说，特殊法人企业由国家单独出资，出资人唯一，这与国有独资公司一致，但特殊法人企业不采取公司的企业形式，不受公司法和一般商法规范的约束。特殊法人企业依照专门法律设立，受专门法律调整，一般不要求作商事登记，其具体组织机构也由特别法规定。在经营上，特殊法人企业独立核算，但不负盈亏而靠财政维持，若有亏损由财政弥补，政府依法对其产品价格进行控制。目前在我国，特殊法人企业还停留在理论概念上，我们认为应当推进特殊法人企业的专门立法，建立特殊法人企业制度。另外，由于公益性国有企业具有典型的公共属性，在治理结构和机制的选择上，必须强调公众代表的决策参与和监督，同时严格信息公开和透明。这种信息公开必须上升到法律层次，即必须是强制性的。

合理垄断性国有企业还可以区分为自然垄断性企业和资源类企业两类。对于自然垄断性企业，只有国家独家经营，才能实现其规模经济性。由于这类企业提供的产品或服务通常都是百姓的生活必需品，因此营利不应是这类企业的首要目标。换言之，公众利益才是这类企业的主要目标。加之所具有的规模经济性，满足公众利益是完全可以实现的。因此，政府必须通过规制政策，使经营者站在国民福利最大化的立场上来经营这类企业，而不是借助行政垄断把消费者剩余最大限度地转化成生产者剩余，盈亏平衡是这类企业的基本选择。资源类企业主要是指那些经营不可再生性资源的企业，这些资源只有国家垄断经营，才能防止过度开采，防止资源浪费和耗竭，实现经济的可持续发展。为此，一方面要通过价格机制降低需求过度；另一方面要通过税收机制降低利润刺激。对于以上两类企业，采取国有控股公司的产权形式是必要和现实的选择。在治理结构和机制上，一是要强调董事会的集体决策和监督；二是在董事会的构成上要体现公共性，可以设立独立的公共利益的代表和政府代表；三是要把费用控制作为常态来管理，费用控制不是“压制”，而是“更合理”。此外，与公益性国有企业一样，要强调信息公开，这有利于企业接受公众监督。

对于竞争性国有企业，国家必须放弃保护，或不再赋予其行政性垄断地位，让他们在市场上与民营企业进行平等的竞争。也就是说，国有企业的利润应该主要来自这类国有企业。如果不能持续获得盈利，那就要接受市场优胜劣汰法则的惩罚。从治理角度看，竞争性国有企业必须虚心学习西方市场经济发达国家成熟的公司治理理念和做法，尤其是要完善董事会制度、强化信息披露、严格控制财务风险。只有将这类国有企业的治理规范化和法治化，才能使其在激烈的市场竞争中胜出。对于竞争性国有企业来说，包括完善董事会在内的公司治理制度，对于提高企业的竞争力，更好地维护出资人权益，正确处理各利益方的权利与义务，都是至关重要的。

（原载《前线》2013 年第 5 期）

论国有企业分类改革和分类治理

“国有企业分类改革和分类治理”是笔者近些年对国有企业进行调研和理论探索的总结。2013 年 11 月 12 日，中国共产党第十八届中央委员会第三次全体会议通过《中共中央关于全面深化改革若干重大问题的决定》，明确提出要“准确界定不同国有企业功能”，“进一步深化国有企业改革”。无疑，基于国有企业的本质属性和中国国有经济的发展历史，根据不同国有企业的功能定位，对国有企业进行分类改革和分类治理是国有企业改革的必然选择。

一、国有企业改革得与失以及分类改革的必要性

30 多年的国有企业改革，收到了显著成效，概括起来有两个方面：一是国有企业效率得到提高。以中央企业为例，2002 年到 2012 年，中央企业营业收入年均增长 20.9％，实现利润年均增长 19.9％，上缴税金年均增长 17.9％；位列“全球 500 强”的中央企业数量从 11 家增至 42 家。在应对全球金融危机的过程中，国有企业也起到了中流砥柱的作用，为中国经济率先企稳回升作出了重要贡献。二是国有企业的垄断程度降低，市场化水平得到提高，布局得到一定的优化。在典型的竞争性行业，国有企业已经部分退出，或者占有的股份比例大幅度减少；在一些竞争性行业，尽管国有企业仍然在控制经营，但竞争水平已经得到提高；不少原先由国有企业独家垄断的行业，也开始允许非国有企业进入。

但是,中国国有企业的分布仍然非常广泛,几乎遍及所有行业。以上市公司为例,根据北京师范大学公司治理与企业发展研究中心“中国公司治理分类指数数据库”,在 2012 年 2 314 家上市公司样本中,国有控股公司占 41.83%(2008 年为 47.80%),尽管国有控股上市公司所占比例一直呈下降态势,但其控制的资产和营业收入却仍分别高达 81.7%和 82.5%。在 2012 年上市公司涉及的 18 个行业中,国有控股公司分布在其中的 17 个行业,分布之广可见一斑。

30 多年的国有企业改革,基本上走的是“大一统”的市场化道路,即本着“赚钱”的原则,以国有资产规模或资产增值的最大化来推进国有企业改革,这种改革导致两个方面的后果:

其一,一些应该市场化或需要加快市场化的行业却没有市场化或市场化程度很低,如电信、钢铁、路桥建设等。由于市场化程度低或者垄断程度高,一方面导致国有企业创新动力不足,成本控制不力;另一方面则由于价高质次(包括低服务),国民福利被剥夺而不断引发公众不满。以 2013 年《财富》世界 500 强中的第 4、第 5 位为例。第 4 位是英国石油公司,其营业收入和利润分别是 3 864.63 亿美元和 257 亿美元;第 5 位是中国石化,其营业收入和利润分别是 3 752.14 亿美元和 94.53 亿美元。可以看出,中石化的营业收入是英国石油公司的 97.09%,相差无几;但中石化的利润却仅仅是英国石油公司的 36.78%,相差很大。按理说,西方发达国家的劳动力成本很高,而中国的劳动力成本却很低,那么,差距在哪里呢?答案无怪乎两个:一是技术水平低,二是成本控制不力(包括可能的腐败或国有资产流失),这是缺乏竞争的必然结果。

其二,一些不应该市场化的行业却在极力推进市场化,国有资本盲目退出,如公共交通、医疗卫生、义务教育等,导致不少人看不起病、上不起学、乘不上车。很多国有企业,包括具有很强公共性的国有企业,即使没有市场化,也把追求利润放在首位。这种改革所带来的后果,不是国民福利的提高,而是下降。

国有企业的本质属性是什么?从国有企业产生的历史看,国有企业并非首先产生自社会主义国家,而是西方市场经济发达国家。在市场经济发达国家，国有企业是为了解决因市场失灵而出现的市场本身不能解决的诸多公共性问题而产生的，也就是说，公共性是国有企业的本质属性。

然而，中国国有企业改革中，却错误地把“赚钱”作为国有企业的主要目的，甚至是唯一目的。从世界范围看，其实市场经济越成熟的国家，国有企业越是坚守公益领域，其市场化程度越低；而在竞争性或营利性领域，国有企业则越少，基本上是民营企业的天下，市场化程度非常高。如英国的铁路运输，其在 1994 年开始进行私有化改革，但在改革之后的 1997 至 2002 年五年期间，接连发生了 13 起严重事故。其原因在于：一是负责信号系统和负责运输的私有公司之间缺乏沟通；二是负责该线路运营的泰晤士列车公司认为更新火车事故防御系统的费用大于事故发生后的赔偿，宁可进行事故后的伤亡赔偿，也不愿意进行安全系统改造。由于事故频发，英国铁路私有化最终以政府重新收回国有而结束。

显然，国有企业改革的成败不在于能否“赚钱”，或者赚多少钱。换言之，国有企业改革的目的不是国有资产规模或国有资产增值的最大化，而在于尊重国有企业的本质和发展规律，实现国民福利的最大化。

不过，也应该认识到，中国是在经济发展水平十分落后的条件下进行市场化改革的，尽管经过了 30 多年的改革，但中国仍处于社会主义市场经济的初级阶段。在这种情况下，中国不可能像发达国家那样按市场经济自然发展的轨道来走，而是仍然需要发挥国有企业的经济带动作用。另外，中国在坚持市场化改革趋向的同时，还需要权衡在计划经济时期形成的各种利益格局，需要协调好各种利益矛盾，解决许多历史遗留问题，以在稳定中求发展，尽可能减少改革成本，这也是中国之所以选择渐进式改革道路的重要原因。在这一特殊的历史背景下，中国的国有企业与发达市场经济体制中的国有企业之间的性质和地位显然是有区别的。这种区别集中体现在，在社会主义市场经济的初级阶段，国有企业不仅是政府调控国民经济的工具，也是政府参与国民经济的重要手段，是推动国民经济发展和经济体制改革的主导力量。

这意味着，在中国社会主义市场经济的初级阶段，同时存在着不同类型的国有企业。不同类型的国有企业，它们的地位和目标不尽相同，在市场经济中扮演着不同的角色，发挥着不同的功能。因此，国有企业改革和治理应该针对不同类别的国有企业，有的放矢。这种分类分析既有助于对不同类型国有企业的绩效进行考核，也有助于产业结构的调整和优化，更有助于确立不同类型国有企业的改革方向，这对于国有企业改革和发展，乃至宏观经济稳定运行具有重大的理论意义和实践价值。

二、国有企业类型、功能以及改革路径

（一）国有企业类型及功能

基于中国国有企业布局的广泛性，我们可以从两个维度对国有企业进行分类：一是目标维度，是公益导向还是利润导向；二是经营维度，是垄断还是竞争，这样将所有国有企业放在一个 2×2 的矩阵中（见下图）。

基于两个维度的国有企业分类

目标维度 / 经营维度	公益导向	利润导向
垄　断	公益性国有企业	垄断性国有企业
竞　争	无	竞争性国有企业

由于以公益为导向的企业不可能处于竞争领域中，因为不盈利只做公益的竞争性企业是难以维系的。因此，现实经济中不可能存在竞争性公益企业，实际只存在以下三种类型的国有企业：①

第一类是公益性国有企业，如公交、地铁、环卫、国防设施、公共卫生保健、义务教育等。这类企业应被赋予强制性社会公共目标，没有经济性目标，即不以盈利为目的，其作用是直接提供公共服务，以社会和谐和稳定为唯一目标。

第二类是竞争性国有企业，如电信、汽车、电子、钢铁、医药、金融、建筑

① 此分类方法由笔者在 2008 年与北京市国资委的合作研究项目中首次提出。

等。这类企业以追求利润最大化为首要目标，没有任何强制性社会公共目标。但其自觉提供公共服务是履行社会责任的行为，应予鼓励。

第三类是垄断性国有企业，具体又包括自然垄断类国有企业和稀缺资源类国有企业。

自然垄断类国有企业，如铁路运输、管道燃气、自来水等，国际通行的做法都是国有经营，因为这类企业具有成本递减性，因此价格一般定在平均成本水平上，而民营则无法保证这种定价水平。这类国有企业经营的基本原则是盈亏平衡，不赔不赚。

稀缺资源类国有企业，如石油、黄金等，为防止稀缺资源过度耗竭，保证资源利用的可持续，也必须由国有企业来经营。不过，一方面，为防止稀缺资源的消费过度，其定价应由市场决定；另一方面，为防止企业过度开发，必须对国内稀缺资源开发征收高额资源税。也就是说，这类企业可以赚钱，但赚的钱必须全部上缴国家财政，然后通过国家财政支出回馈公众。

总之，对于垄断性国有企业，应该以社会公共性作用为主，经济性作用居次，以最大限度保证国民福利最大化。

（二）不同类型国有企业改革方向和治理机制设计

由上述国有企业类型及功能分析可以看出，国有企业不是同质的，不同类型的国有企业存在异质性，其目标和经营方式是截然不同的。因此，国有企业改革切忌一刀切，必须分类改革，分类治理。

1. 公益性国有企业

公益性国有企业的作用是直接提供公共服务，而非盈利。就此说来，把这类企业称之为“企业”是不合适的，因为企业给人的感觉就是“赚钱”，这与该类企业的宗旨不符。因此，这类企业最好定位为特殊法人。

特殊法人是指依照专门法律设立和经营的具有专门职能的国有独资单位。特殊法人的特殊性表面上在于其受特别法律规范，经营方式特别，本质上在于其具有特别职能。从产权角度来说，特殊法人由国家单独出资，出资人唯一，这与国有独资公司一致，但特殊法人不受《公司法》和一般商法规范的约束。特殊法人依照专门法律设立,受专门法律调整,一般不要求作商事登记,其具体组织机构也由特别法规定。在经营上,特殊法人独立核算,但不负盈亏而靠财政维持,若有亏损由财政弥补。政府依法对其产品价格进行控制。

我们认为,应当借鉴西方发达国家经验,推进特殊法人的专门立法,尽快建立特殊法人制度。

在治理机制设计上,应把成本控制置于核心地位。由于生产公共品存在预算软约束,为了防止由此而产生的道德风险,需要像上市公司那样做到信息透明和公众监督,以解决信息不对称情况下经营者隐瞒真实成本的问题。而且,这种信息公开必须上升到法律层次,即必须是强制性的。同时,必须强调公众代表的决策参与和监督。对于高管贡献的评价,不是利润多少,而是成本控制水平和公众满意度。高管的薪酬标准要根据其贡献与对应的政府公务员标准一致,换言之,高管激励不应来自薪酬,而是政治地位的提升,即高管应享受公务员的行政级别和待遇。

2. 竞争性国有企业

竞争性国有企业完全按市场规则来运作,追求利润最大化,不承担公共职能(但鼓励其自愿承担社会责任的行为),不过,前提是:政府必须放弃对这类国有企业的各种保护,既不赋予其任何行政垄断地位,也不给予任何政策支持,让他们在市场上与民营企业进行平等的、优胜劣汰的竞争。有公平的竞争,企业才会有创新的动力。

对于这类企业的组织形式,无需追求国有独资,也不必追求绝对控股。国有持股多少由市场来决定,政府不应干预,政府作为出资人代表,只负责监督从企业获取足额收益(股息红利)。随着民营企业的发展壮大,这类国有企业将逐步减少。

在治理机制设计上,要完全按照现代公司治理的基本规范,清晰界定股东、董事会和经营者的权利义务关系,尤其要明确董事会与经营者之间监督与被监督的关系,以切实保障出资人权益。必须明确,全民是这类国有企业的最终出资人或股东,为此企业必须按市场原则足额按时向国家上缴股息红利,然后国家通过公共财政支出回归全民。在高管薪酬确定上,在政府没有任何资源和政策支持的前提下，完全由董事会根据经理人市场规律和高管贡献来决定，高管不再享有公务员的行政级别和待遇。

3. 垄断性国有企业

对于垄断性国有企业，政府必须通过规制政策，使经营者站在国民福利最大化的立场上来经营这类企业，而不是借助行政垄断把消费者剩余最大限度地转化成生产者剩余。

对于自然垄断类国有企业，应该选择国有独资公司形式，以保证企业实现盈亏平衡。这类企业不允许通过股权多元化在资本市场上市经营。因为一旦上市，就意味着要追求利润最大化，公众的基本需求将无法得到满足。

对于稀缺资源类国有企业，为了抑制需求，必须根据供求规律采取市场定价，这意味着企业能赚钱。而由于能赚钱，企业可能会过度开发稀缺资源，为了抑制过度开发，就必须对企业征收高额资源税，同时，利润必须全额上缴。显然，要达到这种“双重抑制”的目的，只能采取国有独资公司的组织形式，这与自然垄断类国有企业一样。

不过需要注意的是，这里所说的“稀缺资源”是针对国内资源。如果在国内是稀缺的资源，在其他一些国家并不稀缺，则可以鼓励企业按照资源所在国的法规到国外开发资源。

在治理机制设计上，与公益性国有企业一样，要强调信息公开，这有利于企业接受公众监督，也有利于企业把成本控制作为常态来管理，成本控制不是“压制”，而是“更合理”。在董事会的构成上要体现公共性(比如有独立的公共利益的代表)，并要强调董事会的集体决策和监督。在高管薪酬确定上，应与公益性国有企业一样，根据高管贡献与对应的公务员标准一致，即高管激励来自公务员的行政级别和待遇。但是，在高管贡献的评价上，自然垄断类国有企业和稀缺资源类国有企业应有所不同。对于前者，与公益性国有企业一样，成本控制水平和公众满意度是重要的评价标准；对于后者，则成本控制水平和利润水平(尽管利润是全额上缴的)都是重要的评价标准。

需要强调的是，在国有企业布局上，要通过改革，尽可能使三类国有企业更纯粹一些，使不同类型国有企业更符合自身的本质属性。如果让同一个国有企业履行不同的、甚至是冲突的职能，将会模糊企业的目标，最终可能哪个目标都实现不了。

三、国有企业改革阻力分析

国有企业改革涉及权力和利益的调整和重新分配，因此必然会遭遇重重阻力，且这些阻力在近些年的改革中已经凸显，具体包括以下四个方面：

第一，在改革理念上，错误地把市场化等同于市场经济。30 多年国有企业改革中的诸多误区就是这种改革理念的具体反映。在不少人的意识中，认为市场经济就是市场化，市场化就是赚钱。因此，就出现了公益性领域过度市场化，竞争性领域过度垄断化的畸形市场经济问题。这种“双重过度化”尽管都可以赚钱，但却既不是市场化，更不是市场经济。从成熟市场经济角度看，公益性领域是国有经济必须坚守的领域，放开搞市场化意味着国民“双重纳税”，这无疑是对国民利益的剥夺；而竞争性领域则是公平竞争的领域，过度垄断则意味着以垄断高价来维持质次产品或低劣服务，这同样是对国民利益的剥夺。

第二，民营企业参股国有企业存在着被国有资本控制的忧虑。政府鼓励民营企业参与国有企业改组无疑是正确的，然而这种参与却只限于采取“参股”的形式。“参股”意味着民营企业仅仅且永远是小股东，在政府没有放弃对国有资本的资源和政策支持，也没有其他应对措施（如强制实行保护小股东利益的累积投票制）的情况下，这种“参股”形式在很大程度上存在着民营资本被国有资本控制的风险，即民营企业在国有控股企业中的发言权微乎其微，甚至可能被剥夺。这种风险显然会降低民营企业参与国有企业改组的积极性。

第三，既有国有垄断企业利益集团的阻挠。在一些本是竞争性的领域，长期以来的市场准入限制形成了庞大的国有垄断企业利益集团，它们对政府具有很强的谈判能力，可以利用自己掌握的信息（一般公众是难以得到这些信息的)并利用舆论来为自己的垄断辩护(如电信的成本),并且经常把本部门利益等同于国家利益,似乎取消了垄断就是损害了国家的利益。这些竞争性领域一旦放开,将意味着既有利益集团的垄断收益会全部或大部分丧失,这对于拥有巨大游说能力的利益集团来说,是很难接受的。因此,这种利益集团将构成国有企业改革的最大阻力。

第四,政府财政收支的压力。按照上述思路深化国有企业改革,即公益性国有企业“收”,竞争性国有企业“放”,将意味着政府短期财政收入会减少,而短期支出则会增加,这对于政府尤其是地方政府来说,其压力可能在短期内剧增。尽管从长期看,国有企业分类改革将增强民营企业动力,并将赢得国民普遍支持,从而会大幅度提升国力,但从政府寿命角度,一届政府的任期是有限的,它们可能不希望在任期内产生财政压力。因此,它们对这种改革也可能会有消极思想,甚至直接阻挠这种改革。

国有企业改革阻力是客观存在的,只有正视这些阻力,才能积极稳妥地深化国有企业改革。

(原载《行政管理改革》2013 年第 12 期)

国有企业分类改革必须对应国资分类监管

党的十八届三中全会提出了国有企业分类改革,以及"以管资本为主加强国有资产监管"的国有资产监管新体制,这是深化国有企业改革,完善国有资产监管体制的重要举措。然而,必须认识到,"以管资本为主"的国有资产监管体制并不适合于所有类型的国有企业,如同国有企业必须分类改革一样,国有资产监管应该根据不同国有企业的功能实行分类监管。

一、国有企业类型及功能

基于中国国有企业布局的广泛性,我们可以从两个维度对国有企业进行分类。一是目标维度,是公益导向还是利润导向;二是经营维度,是垄断还是竞争,由此可以将国有企业分为三类。

第一类是公益性国有企业。该类企业是提供公共产品和公共服务的国有企业,如公交、地铁、环卫、国防设施、公共卫生保健、义务教育等。由于公共产品和公共服务的消费具有非竞争性和非排他性,容易出现外部性和搭便车行为,私人企业不愿意进入,进入后无利可图,所以公共产品和公共服务必须、也只能由公益性国有企业来"垄断性"提供。公益性国有企业不以盈利为目的,其绩效衡量标准应是社会或公共绩效,即向公众提供高质量的公共产品和公共服务是对其进行评价的依据。

第二类是"合理"垄断性国有企业,包括自然垄断性国有企业和稀缺资源垄断性国有企业。自然垄断性行业具有规模报酬递增和成本递减性的特征，如输电、管道燃气、自来水、铁路运输等。为了既最大程度地提高社会福利，又保证企业不至于亏损，该类企业一般采用平均成本定价，按此定价方法，企业不赔不赚，通过收支平衡来保证实现社会福利的极大化。而如果由私人资本控制，则势必价格高企，从而影响消费者福利的提高。对这类企业，应当主要以公共绩效同时辅之以财务绩效(以成本控制为主要指标)进行评价。

稀缺资源是指那些不可再生的资源，如石油、黄金等矿产资源，为防止资源过度耗竭，保证资源利用的可持续性，也必须由国有企业来经营。不过，一方面，为防止稀缺资源的消费过度，其定价应由市场来决定，这意味着企业能赚钱；另一方面，为防止企业因能够赚钱而过度开发稀缺资源，必须对国内稀缺资源开发征收高额资源税。也就是说，这类企业赚的钱必须全部上缴国家财政，然后通过国家财政支出回馈公众。

自然垄断性国有企业和稀缺资源垄断性国有企业尽管都是垄断企业，但从保障公众利益角度来说，这样的垄断属于“合理”的垄断。

第三类是竞争性国有企业，是处于竞争性行业的国有企业。竞争性行业十分广泛，是私人资本大量存在的领域。目前，在竞争性行业保留部分国有资本，主要是基于以下考虑：一是实现政府调控经济的职能；二是维护经济稳定；三是加快产业结构的调整和优化。这类企业以追求利润最大化为首要目标，没有任何强制性社会公共目标。但如果该企业自觉履行社会责任，则应予鼓励。

综合来看，公益性国有企业被赋予强制性社会公共目标，以社会和谐和稳定为基本目标；(合理)垄断性国有企业，包括自然垄断性和稀缺资源垄断性国有企业，以社会公共性目标为主，经济目标居次；而竞争性国有企业，以追求利润最大化为首要目标，不应赋予其任何强制性社会公共目标。

二、国资监管体制没有明确“分类监管”

2002 年中共十六大确定了“管资产和管人、管事相结合的国有资产管理体制”。这种国有资产监管体制相对于以前国有资产出资人代表缺失，多部门监管又缺乏明确权力界区的情况相比，无疑是很大的进步。

然而，这种体制的问题也是很明显的。其一，国有资产出资人代表的身份属性并不明确，尽管国资委没有被定位为国务院组成部门，没有给予行政权力，而是定位为特设机构，但其“特”在什么地方，至今没有人说得清，就其实际运作来说，它与政府其他部门并无本质的区别，从而其在履行“出资人职责”时，常常可以凌驾于其他出资人之上。其二，国资委的职权是“管资产”、“管人”和“管事”，这等于把国有企业的人财物差不多都纳入了监管范围，国资委之所以在实际监管中多采用行政方式，与其拥有如此大的权力存在密切的关系。由于“管资产”、“管人”和“管事”非常笼统，在实践中，国资委在这三个方面经常出现越位、错位和缺位的情况。很显然，在这种体制下，政资不分、政企不分是不可能得到根本性改善的。

2013 年中共十八届三中全会确定了“以管资本为主”的国有资产监管新体制，这是国有资产监管体制的重大进步。因为国资委作为出资者（代表），只能管资本，管资本意味着关注的是收益权，至于企业如何实现出资人收益，那属于企业的自主决策权。当然，国家作为出资人是可以派代理人参选董事的，通过这种代理人在企业决策中反映自己的利益诉求。

组建国有资本运营公司是“管资本”的重要体现。国有资本运营公司的本质是介于国资委和国有资产实体占用企业（或生产经营企业）之间的具有中介性质的国有资本投资公司。建立国有资本运营公司，一是可以有效地实现监管和经营的分开；二是如果像现在的集团母公司那样，既有资本运营职能，又有生产经营职能，则容易在母公司和控股子公司之间形成关联交易，甚至有掏空子公司的风险，而组建或者直接把集团母公司改组成只有资本运作（投资）功能的国有资本运营公司可以在很大程度上避免关联交易和掏空问题，也可以在更大程度上实现“政资分离”和“政企分离”。

然而，不管是党的十六大确定的“管资产与管人、管事相结合”的国有资产监管体制，还是党的十八届三中全会确定的“以管资本为主”的国有资产监管体制，都没有明确要对不同类型的国有资产和国有企业实行分类监管。尽管十八届三中全会提出了国有企业要分类改革，但却没有明确提出国有资产监管也要对应不同类型的国有企业。因此，国有资产监管应该进一步细化和完善。

三、国有资产如何分类监管

其实，上述两种国有资产监管体制各有可取之处。由于国有企业或国有资产有不同类型，这意味着国有资产监管既可以“管资产与管人、管事相结合”，也可以“以管资本为主”。

对于公益性国有企业和自然垄断性国有企业，必须实行“管资产与管人、管事相结合”。由于这两类企业的资产不以盈利为目的，因此不能作为资本来使其增值，只能作为资产来监管。要本着合理配置，有效利用，实现社会公共目标的原则，通过设置专门部门，采用各种有效方式，对这类资产的使用和维护等进行监督和审核。同时，还可以通过各种中介机构，随时检查、质询国有资产的使用效果。

在监管内容上，应把成本控制置于核心地位。由于公益性国有企业和自然垄断性国有企业主要生产公共品或准公共品，而生产公共品或准公共品存在预算软约束，为了防止由此而产生的道德风险，需要像上市公司那样做到信息透明和公众监督，以解决信息不对称情况下经营者隐瞒真实成本的问题。而且，这种信息公开必须上升到法律层次，即必须是强制性的。同时，必须强调公众代表的决策参与和监督。对于高管贡献的评价，不是利润多少，而是成本控制水平和公众满意度。高管的薪酬标准要根据其贡献与对应的政府公务员标准一致，换言之，高管激励不应来自薪酬，而是政治地位的提升，即高管应享受公务员的行政级别和待遇。

当然，对公益性国有企业和自然垄断性国有企业的监管还是有区别的。公益性国有企业严格来说不能称为“企业”，应当设置成特殊法人。特殊法人不受《公司法》和一般商法规范的约束，而是依照专门法律设立，受专门法律调整，一般不要求作商事登记，其具体组织机构也由特别法规定。

在经营上，特殊法人由国家单独出资，独立核算，但不负盈亏而靠财政维持，若有亏损由财政弥补。政府依法对其产品价格进行控制。对于自然垄断性国有企业，应该选择国有独资公司形式，以保证企业实现盈亏平衡。这类企业不允许通过股权多元化在资本市场上市经营。因为一旦上市，就意味着要追求利润最大化，公众的基本需求将无法得到满足。

对于稀缺资源垄断性国有企业，也必须实行"管资产与管人、管事相结合"。鉴于稀缺资源不可再生的性质，必须对需求和供给进行"双重抑制"，为此，该类公司应该像自然垄断性国有企业一样，采取国有独资公司的组织形式，不允许股权多元化或上市，因为股权多元化或上市的目的是"赚钱"，这将与"双重抑制"的目的发生冲突。

不过需要注意的是，这里所说的"稀缺资源"是针对国内稀缺资源。如果在国内是稀缺的资源，在其他一些国家并不稀缺，则可以鼓励企业通过设立子公司，按照资源所在国的法规到国外开发资源。此时，国有资产监管体制应该转化为"以管资本为主"，不要过多地干预海外子公司的"人"和"事"。

在监管内容上，与公益性国有企业和自然垄断性国有企业一样，要强调信息公开，要把成本控制作为常态来监管，成本控制不是"压制"，而是"更合理"。高管激励也是来自公务员的行政级别和待遇。在高管贡献的评价上，要把成本控制水平和利润水平(尽管利润是全额上缴的)作为重要的评价标准。

对于竞争性国有企业，则必须是"以管资本为主"，而尽量少管甚至不管"人"和"事"。需要注意，这里强调的是管"资本"而不是管"资产"。从现代企业出资人角度，"管资本"涵盖着"管人"和"管事"，就是说，出资额度的大小决定着出资人在企业中的话语权，这是公司治理的基本原则。"管资本"意味着关注的是收益权，监管部门监管的核心应是价值管理，即只需考虑国有资本收益而不必太在意采取何种方式实现这种收益。对于"管人"，监管部门应该是按照法律程序选择自己的代理人进入企业董事会，所谓监管实际上就是对董事的监管，而不必去干涉企业总经理、副总经理甚至董事长的产生，有能力的民营企业家也可以担任国有企业的高级管理人员，而监管部门直接任命企业高管人员，则既不合法，又使公司董事会不必承担选错经营者的风险和责任。至于“管事”，更应特别慎重，因为监管部门“管事”对于企业来说属于非现场决策，它远比不上企业自身的“现场决策”来得科学。

国有资本运营公司组建的目的就是管好资本，显然，国有资本运营公司只能适合于竞争性国有企业，而不适合于公益性国有企业和（合理）垄断性国有企业。如果在公益性和（合理）垄断性领域组建这类公司，则与两类公司的功能相背离，还会增加代理成本。

在监管内容上，要把实现国有资本收益权置于核心地位。为此，必须要完全按照现代公司治理的基本规范，清晰界定股东、董事会和经营者的权利义务关系，尤其要明确董事会与经营者之间监督与被监督的关系，以切实保障出资人权益。

组建国有资本运营公司是实现国有资本收益的重要方式，因为国有资本运营公司的收益来自于投资，而要稳定地获取投资收益，它作为出资人就必须对所投资企业加强监督。因此，这可以在一定程度上解决所投资企业的资本收益上缴问题。不过，更重要的还是在于通过法律来对投资收益上缴做出严格规定，加大收益上缴的强制性。

在高管薪酬确定上，在政府放弃对竞争性国有企业提供任何资源和政策支持的前提下，完全由董事会根据经理人市场规律和高管贡献来决定，高管不再享有公务员的行政级别和待遇。

总之，对于竞争性国有企业，除了保证收益权，政府应该尽最大可能放松管制。这是竞争性国有企业与公益性国有企业和（合理）垄断性国有企业在监管上的最大不同。

（原载《前线》2014 年第 2 期）

国有企业推进混合所有制的关键问题

2013年11月中共十八届三中全会《中共中央关于全面深化改革若干重大问题的决定》(以下简称《决定》)提出要准确界定不同国有企业的功能,积极推动混合所有制经济的发展,这是国有企业深化改革的基本思路。但对于发展混合所有制经济,目前存在一些模糊的认识,需要厘清。

一、不是所有国有企业都适合混合所有制改革

何谓混合所有制?顾名思义,“混合”意味着同一企业中存在多元股东或经济主体,不同经济主体入股同一企业的目的是寻求企业价值或利润的最大化。对于国有控股的混合所有制企业而言,除了第一大股东(即国家)外,还有非国有股东。既然企业股东不是纯粹的国有股东,则像其他没有国有股东的混合所有制企业一样,追求利润最大化是各股东的基本目标。显然,并不是所有的国有企业都适合改制并发展混合所有制企业。

《决定》把国有企业分为公益性国有企业、自然垄断性国有企业和竞争性国有企业三类。那么,哪类国有企业适合改制并发展混合所有制企业呢?

毫无疑问,公益性国有企业是不适合的,因为混合所有制企业的目标是利润最大化。如果追求公益而不盈利,那么国家以外的经济主体就不会

参股进入。因此，公益性国有企业只能由国家独资经营。由于不盈利，因此公益性国有企业不应该称之为"企业"，最好定位为特殊法人。特殊法人不受《公司法》和一般商法规范的约束，而依照专门法律设立，受专门法律调整。在经营上，特殊法人独立核算，但不负盈亏而靠财政维持，若有亏损由财政弥补。政府依法对其产品或服务价格进行控制。

对于自然垄断性国有企业，由于具有规模报酬递增和成本递减性的特征，且产品或服务是公众基本所需，因此其产品或服务应该按边际成本来定价。为了既最大程度地提高社会福利，又保证企业不至于亏损，市场经济发达国家一般采用平均成本定价，按此定价方法，企业不赔不赚，通过收支平衡来保证实现社会福利的最大化。而如果国家以外的其他经济主体进入，则势必要追求利润最大化，从而很可能导致产品或服务的成本大幅度上升，进而影响消费者福利的提高。显然，对这类企业，也不适合于发展混合所有制经济，而应该由国家独资经营，并以成本控制为主要评价指标。

还有一类在《决定》中没有提及的国有企业，即稀缺资源类（仅对国内而言）企业，该类企业也不适合于发展混合所有制经济。为防止稀缺资源过度耗竭，保证资源利用的可持续，必须由国有企业来经营。一方面，为防止稀缺资源的消费过度，其定价应由市场决定，这意味着企业能赚钱；另一方面，为防止企业因能够赚钱而过度开发稀缺资源，必须对国内稀缺资源开发征收高额资源税。也就是说，这类企业赚的钱必须绝大部分甚至全部上缴国家财政，然后通过国家财政支出回馈公众。无疑，如果允许非国有主体参股进入，则势必要追求最大化利润，并谋取利润向所有股东分配，最终造成稀缺资源的过度开发。

以上三类企业均为垄断领域，而且也应该和必须是由国家垄断的领域，这属于"合理"垄断。需要指出，现实中可能还有一种情况，即一些竞争性企业由于自身的强大竞争力而成为行业中的支配性厂商，这种企业尽管具有较强甚至很强的垄断势力，但由于行业进入不像前两类那样受到政府管制，消费者也可以通过不消费或少消费来制约企业。因此，该类企业不属于前三类垄断企业中的任何一种，而属于竞争性企业。

二、混合所有制只能在竞争性领域推行

既然以上三类合理垄断性国有企业不能发展混合所有制经济,这意味着,混合所有制经济只适合在竞争性领域推行。在竞争性领域,国有控股企业属于混合所有制企业,但已不是纯粹的国有企业,严格来说,将它称为国有企业是不太严谨的。因为企业存在多元股东,而不是国家一元股东,只不过国家股份居多数而已。至于国家没有控股而只是参股的企业,则更不能归属于国有企业范畴,只能纳入非国有经济或民营经济范畴。

在竞争性领域,国有控股的混合所有制企业必须完全按市场规则来运作,追求利润最大化,不承担公共职能(但鼓励其自愿承担社会责任的行为),不过,前提是:政府必须放弃对这类国有企业的各种保护,既不赋予其任何行政垄断地位,也不给予任何政策支持,让它们在市场上与民营企业进行平等的、优胜劣汰的竞争。有公平的竞争,企业才会有创新的动力。

对于国有控股的混合所有制企业,因为处于竞争性领域,因此政府不应干预,政府或者国有股东作为出资人代表,只负责监督从企业获取足额收益(股息和红利)。随着民营企业的发展壮大,这类国有企业应逐步减少。

对于混合所有制企业(包括国有控股的混合所有制企业)来说,不存在再分类改革和分类治理的问题。既然混合所有制企业存在多元股东,那么按照现代企业的公司治理规范,企业的各个股东在法律地位上是平等的,或者说,各个股东具有平等参与公司治理的权利,只是他们的投票权存在一定的差异。国有股东尽管是第一大股东,但不具有特别的权力。

三、发展混合所有制经济需要解决四大关键问题

一是在公司控股形态上,无需追求国有绝对控股,国有持股多少由市

场来决定，要避免国有股东一股独大，尽可能采用国有相对控股的组织形式。原因在于：一方面，由于相对控股股东拥有的股权比重较大，因而他有动力发现公司经营中存在的问题，并对经理人员的经营行为高度关注；另一方面，相对控股意味着公司股权集中程度有限，相对控股股东的地位容易动摇，因而他不大可能独断专行甚至侵害其他股东利益，其他股东参与公司治理的动力大大增加。无疑，相对控股模式更有利于发挥公司治理的作用，能够更为有效地促使经理人员按股东利益最大化原则行事，并实现公司价值最大化。

二是在董事会职能上，要避免把董事会和经营层混为一谈。按照现代公司治理规范，混合所有制企业董事会的职能应该包括：(1) 董事会作为代理人如何做到对委托人(股东)尽职尽责；(2) 董事会作为决策者如何做到科学决策；(3) 董事会作为监督者如何做到监督到位而不会被经营者(被监督者)所干扰；(4) 董事会作为利益主体如何做到既有动力又不被利益所“俘虏”(激励与约束)。只有明确了董事会的职能，才能在很大程度上解决各类股东，尤其是国有股东干预企业经营(尤其是政企不分)的问题。同时，也必须清晰认识董事长和总经理的职责区别，董事长作为董事会的召集人，要切实负起通过董事会机制来实现对以总经理为首的经营层的监督的职责，而不是自己充当经营者，否则，董事会和经营层之间监督与被监督的关系将不复存在。

三是在董事会构成上，为增强非国有股东参股国有企业的动力，董事会中必须有较多的独立董事，并且尽可能有非国有股东(尤其是其中的小股东)的代表。非国有资本参股国有企业存在着被国有资本控制的忧虑。“参股”意味着非国有经济主体在国有控股的混合所有制企业中永远不能成为第一大股东，尤其在国有绝对控股企业中，非国有股东只能成为小股东，在政府没有放弃对国有资本的资源和政策支持，也没有其他应对措施(如强制实行保护小股东利益的累积投票制)的情况下，这种“参股”形式在很大程度上存在着非国有资本被国有资本控制的风险，即非国有经济主体在国有控股企业中的发言权微乎其微，甚至可能被剥夺。这种风险显然会降低非国有经济主体参与国有企业改组改造的积极性。因此，除了采取上述的国有相对控股企业的组织形式外，还应该通过采取累积投票，使得非国有经济主体有代表进入董事会，同时增加独立董事，可以使独立董事达到一半以上的比例，因为独立董事并不是某一个股东的代理人，而是所有股东的代理人。

四是在高管选聘和考核上，必须积极发展职业经理人市场，以贡献来对经理人进行考核。目前国有企业对于公开招聘企业高管持较为消极的态度。企业高管直接影响企业文化、内部环境和经营思路等，长期体制内的选拔管理层，会抑制企业增加“新鲜血液”，难以突破固有思路和模式，也难以提升创新性，这可能是国有企业持续推进混合所有制企业改革的又一大困难。选聘不同背景的高管，会带来多元化模式和思路的优势，也必然会引发不同思想碰撞所产生的“阵痛”，然而，不能因为“阵痛”而认为这种选聘方式不适用于国有企业，固守原有思维模式只会加剧国有企业的“固步自封”，从而抑制企业推进改革和创新。由于国有控股的混合所有制企业处于平等和充分竞争的市场环境下，因此可以推动通过职业化的经理人市场来选聘企业高管，选聘的标准是如何在合乎公司治理规范的前提下实现企业价值最大化。相应地，应该取消国有控股的混合所有制企业高管的行政级别，高管激励来自市场和薪酬。目前国资委对于高管薪酬有总额限制，由此带来的主要问题是，有的企业业绩上涨较快，但薪酬没有上涨的余地，高管薪酬没有真正与企业实际情况相结合。对此，应该在政府放弃特殊支持的前提下，高管薪酬完全按市场规则来确定，以促进其按照市场规则追求利润最大化。具体来说，是在董事会公开选聘高管的基础上，由被选高管与董事会之间的谈判来决定，具体额度则由董事会视高管完成经济绩效(即贡献)的情况确定。

四、发展混合所有制经济需要突破既有利益集团的阻力

还应该特别指出，国有企业改制和发展混合所有制经济，鼓励更多的

非国有资本进入国有企业，可能会受到既有国有企业利益集团的阻挠。在一些本是竞争性的领域，长期以来的市场准入限制形成了庞大的国有企业利益垄断集团，它们对政府具有很强的谈判能力，可以利用自己掌握的信息（一般公众是难以得到这些信息的）并利用舆论来为自己的垄断辩护（如电信的成本），并且经常把本部门利益等同于国家利益，似乎取消了垄断就是损害了国家的利益。这些竞争性领域一旦放开，将意味着既有利益集团的垄断收益会全部或大部分丧失，这对于拥有巨大游说能力的利益集团来说，是很难接受的。因此，这种利益集团将构成国有企业改革的最大阻力。过度垄断意味着以垄断高价来维持质次产品或低劣服务，这也是对国民利益的剥夺。对此，必须花大力气打破既得利益集团的垄断，为非国有资本参与国有企业改组和改造，从而健康发展混合所有制经济，扫清障碍。

（原载《企业观察报》2014 年 2 月 24 日）

七大领域放开应采取不同方式

2014年3月5日，李克强总理在第十二届全国人大第二次会议上所作的《政府工作报告》中指出，要在金融、石油、电力、铁路、电信、资源开发、公用事业等领域，向非国有资本推出一批投资项目，同时，制定非公有制企业进入特许经营领域具体办法。实施铁路投融资体制改革，在更多领域放开竞争性业务，为民间资本提供大显身手的舞台。

李克强总理的表态，意味着原来仅限于国有企业垄断经营的领域开始较大幅度地向民营资本开放，其中金融、石油、电力、电信、铁路、资源开发长期以来被认为是利润丰厚的领域，放开经营允许民营资本进入，不仅可以为民营企业带来更多的投资机会，更为民营企业与国有企业竞争提供了广阔的舞台，也会进一步刺激国有企业的经营活力和创新动力。

然而，这七大领域的放开应该是有限度、有分别的，不能一刀切，因为这七个领域的经营职能不尽相同，从而改革方向和路径也应该有所不同。

一、金融、电信——竞争性领域完全可以放开

金融业和电信业可以归为竞争性行业。金融业和电信业长期以来被视为关系国家安全的行业，因此这两个行业一直是由国家控制和垄断经营。但是，世界发达国家的经验证明，非国有资本进入金融业（包括进入其中的银行业）和电信业，只要外控有力、内控严格，并不会对国家安全产生多大影响。

更重要的是，对于金融业来说，社会经济的发展需要更多的金融支持，

尤其是民营企业已经为国家创造了超过65%的GDP份额,但他们获得的金融支持却远远不足,从而滋生了一些非法的“地下钱庄”和高利贷交易,造成民营企业的融资成本远远高于国有企业,使其在与国有企业竞争时处于成本劣势。因此,金融业允许民营资本进入,既可以聚集民间资本,又可以促进民营企业发展。不过需要注意的是,尽管金融安全是可以防范的,但风险却是持续存在的,因此民营资本进入金融业的门槛不能太低,尤其是资金实力和内控能力方面。短期内,民营资本进入金融业尤其是进入银行业的速度不会太快。

对于电信业来说,国家长期控制经营还有一个重要原因,就是把电信业视为自然垄断性行业。其实由于光纤通信、无线通信等技术的发展,电信业早已不是自然垄断性行业。美国早在20世纪70年代末80年代初就开始放松电信业管制,由此每年为公众带来70亿至160亿美元的利益增量。而中国的电信业却一直由几家国有企业垄断经营,造成通信业价格长期居高不下,服务质量也不能令人满意。目前中国宽带上网平均速率位列全球70位左右,只是美、英、日等30多个经济合作组织国家平均水平的1/10,但是,平均一兆每秒的介入费用却是发达国家平均水平的3至4倍。从本质上说,这无异于把消费者剩余转化为生产者剩余,是对消费者利益的一种剥夺。因此,放松电信业垄断,允许民营资本进入,是社会发展的必然选择,更是惠及公众的重要举措。

二、石油和资源开发——稀缺资源需有必要限制

石油和资源开发大体可以归为同一类,如果资源开发属于稀缺资源开发,则石油可以纳入其中,因为石油在我国属于典型的稀缺资源。除了石油以外,煤炭以及不少有色金属在我国也均为稀缺资源,目前对这些稀缺资源的过度开采现象非常严重,如有的煤矿已经深入地下600多米,并已造成严重的生态问题。

为了保证经济社会的可持续发展，必须对稀缺资源的开发和需求（消费）实施必要的限制。为了抑制需求，必须根据供求规律采取市场定价，这意味着企业能够获取盈利。而由于有盈利，企业可能会过度开发稀缺资源，为了抑制过度开发，就必须对企业征收高额资源税，同时，利润必须全额上缴国家财政。

显然，要达到这种“双重抑制”的目的，只能由国有独资和垄断经营，这是一种合理的垄断，同时实施严格的成本控制。而如果允许民营资本进入，则由于其具有逐利性，则“双重抑制”无法实现，社会的可持续发展将遭受严重挑战，并导致在国际竞争中处于极为不利的地位，甚至危及国家安全。

不过，对于那些可再生的资源，以及少量蕴藏丰富的资源，则应归入竞争性类型，完全可以放开让民营资本进入，通过充分竞争和合理配置，发挥这些资源的有效利用能力。

三、铁路和电力——区分产业链上不同环节

铁路和电力大体可以归为同一类，具体可以分为两种类型：一是竞争类型，对于铁路来说，主要指铁路建设，如轨道铺设、桥梁建设、机车生产、车站修建等；对于电力来说，主要包括电力设备和器材、发电等。二是自然垄断类型，包括铁路运输和输电。

作为竞争类型的铁路建设、电力设备、发电等，完全可以放开经营，民营资本可以进入参与竞争。但作为自然垄断类型的铁路运输（尤其是客运）和输电，由于具有规模报酬递增和成本递减性的特征，且产品和服务对象又是针对社会公众，需求具有极大的刚性，因此其产品和服务应该按平均成本来定价，这样既可以最大程度地提高社会福利，又能保证企业不至于亏损。而如果民营资本进入，则势必要追求利润最大化，从而很可能导致服务成本大幅度上升，进而影响消费者福利的提高。显然，对于自然垄断类型的铁路运输，应该由国家独资经营，并以成本控制为主要评价指标。

四、公用事业——细分类别区别对待

公用事业比较复杂，大体可以分为三类：一是公益类型，比如城市基础设施、公共交通、环境卫生、国防、道路、桥梁、园林、消防、污水处理、防洪等；二是自然垄断类型，如自来水、输电、管道燃气、热力供应等；三是竞争类型，如文化娱乐场所、出租车、邮政、房屋修缮等。

对于公用事业中的公益类型，其建设阶段以及设备生产是竞争性的，民营资本可以进入。但建设阶段完成后的运营则是公益性的，只适合国有企业来经营，即建设阶段完成后由政府购买，并交付公众免费或低费使用。由于是追求公益，无利可获，民营资本将没有动力进入。由于不盈利，因此公益性国有企业不应该称之为“企业”，最好定位为特殊法人。特殊法人不受公司法和一般商法规范的约束，而依照专门法律设立；在经营上，特殊法人独立核算但不负盈亏，而靠财政维持，若有亏损由财政弥补。政府依法对其产品或服务价格进行控制。如果该领域允许民营资本进入，则将因民营资本的逐利性而使其失去公益性，公众利益将会受到极大的损害。

对于公用事业中的自然垄断类型，则与上述的铁路运输和输电一样，应该由国家独资经营，并按平均成本来定价，以成本控制为主要评价指标。

对于公用事业中的竞争类型，则如同电信业一样，放开经营是激发活力的重要途径，也是更大程度上满足公众需要的重要举措。

五、意在提升公众福利

综上，七大行业中的公益服务必须由国家设立特殊法人来经营，不求盈利，亏损由财政来补贴；自然垄断性行业也必须由国家独资经营，要强调收支平衡和成本控制；稀缺资源行业同样必须由国家独资经营，但收益要全额上缴，以实现“双重抑制”，保证社会的可持续发展；其余的是竞争性行业,应该鼓励民营资本进入参与竞争。只有如此分类改革,才能更好地满足公众需求,实现公众福利的最大化。

对于竞争性行业,民营资本(包括外资)进入的方式,一是独立成立民资企业,此为增量改革;二是民营资本入股国有企业,此为存量改革。对于前一种方式,政府应该取消国有企业的行政级别以及政策和资源支持,为国有企业和民营企业创造公平的竞争环境,避免国有企业因享有特殊优势而使民营企业处于不利的竞争地位;对于后一种方式,要避免国有股“一股独大”,尽可能实现国有相对控股,以避免民营资本权益被侵害的现象发生,可以通过累积投票制为民营资本提供更多的决策话语权,从而实现国有资本和民营资本的相互制衡、相互融合和共同发展。

在竞争性行业,民营资本进入后,竞争将趋于激烈,这会刺激国有企业的创新动力。通过优胜劣汰的竞争,落后企业将被淘汰,包括落后的国有企业,一些行业的国有企业甚至可以完全民营化。

通过这种改革,国有企业数量可能会减少,但公众福利则会大幅上升,而这正是改革的目的所在。

(原载《企业观察报》2014 年 3 月 24 日)

独立董事之“怪相”

2013年10月,中组部发布18号文(《关于进一步规范党政领导干部在企业兼职(任职)问题的意见》),由此掀起了官员独董“离任潮”,尤其是省部级“官员独董”的辞职尤其引人关注。据媒体报道,从2013年10月19日到2014年6月7日,共有25名“省部级”独立董事离任,涉及31家上市公司。

独立董事制度起源于美国,对于中国来说是舶来品,但这种舶来的制度在中国并没有发挥有效作用,大量实证研究也证明了这一点。中国独立董事存在的问题在于:

一、独立董事来源畸形,且董事选任因经理人市场缺失而不受声誉资本的约束

中国上市公司的独立董事相当一部分来自高校和科研机构,更有一部分来自退休或离任官员。尽管这些独立董事在形式上是独立的,但履职效果却相当低下。

在美英等发达国家,对独立董事除了要求独立于公司外,还特别强调三个方面的条件:一是有与任职公司相关的专业知识,二是较高的市场声誉,三是丰富的管理经验。

来自高校和科研机构的独立董事除了第一个条件符合外,另外两个条件基本上都不符合,而官员独董甚至连第一个条件都可能不具备。这些独立董事尽管可能在本领域享有很高的声望,但这不是市场声誉,市场声誉

来自经理人市场对独立董事的客观评价。在美英等发达国家,独立董事大都是知名度很高的其他公司的现任高管,他们非常关心自己的声誉资本。声誉资本会刺激独立董事积极发现公司的问题并给予矫正,如若他们不能解决公司的问题,就很可能会受到商业新闻界、畅所欲言的股东(如机构投资者)的批评,使其声誉大受伤害,进而很难再找到新的独立董事职位,甚至会影响他们现任的高管职务。研究发现,美国的经理人市场是具有长期记忆能力的,即高素质董事的杰出表现会为他们带来新的董事职务,进而带来薪酬更高的高管职位,而劣质董事离职后则不会被其他企业聘用。对于独立董事同样如此。当然,这里有一个前提,即经理人和资本市场的发育和健全。

中国上市公司聘请独立董事不是公司自觉的行为,即不是为了让独立董事参与公司治理而设立独立董事,而是为了满足中国证监会形式上的要求。在这种情况下,聘请独立董事就不是寻找“合适的人”,而是寻求不会“惹事”但却形式上独立的人。当然,如果有名人效应,就更理想了。对于官员独董,则是看重这些官员所掌握的“垄断资源”,从而获得垄断租金,而不是寻求这些官员独董代表股东利益(在中国,独立董事应该代表小股东利益)。

二、独立董事比例过低,董事会集体决策体制蜕变为一人或少数人决策体制

董事会是会议决策和监督体制。在英美发达国家,独立董事所占比例基本上都在 2/3 以上,这些国家的世界 500 强企业甚至可以达到 4/5 以上的比例,许多公司只保留 2 位执行董事,其他皆为独立董事。独立董事的高比例,一方面保证了独立董事能够代表所有股东利益(在英美法系国家没有大股东);另一方面保证了独立董事有充分的话语权,基本上可以避免“一人决策”现象,在很大程度上保证了决策的科学性。

中国上市公司的独立董事比例则严重偏低。据我们统计,2013 年,中

国上市公司董事会的平均人数是 8.94 人，独立董事的平均人数是 3.3 人，平均比例是 36.89％，略超 1/3。其中独立董事超过 1/2 的公司只有 9 家，占比仅为 3.89％(2 314 家样本)。按照中国证监会的要求，上市公司独立董事必须达到 1/3 的比例，尽管独立董事制度已经建立 13 年，但 1/3 的人数比例仍然没有突破。显然，所有上市公司聘请独立董事只是为了简单满足到这个比例要求，而不是为了科学决策和有效监督。

由于独立董事人数比例过低，他们就没有表决权优势，即使是明显背离股东意志(主要是中小股东的意志)的议案，在非独立董事(中国董事会的结构很复杂，除了独立董事，还有执行(内部)董事、外部非独立董事等)占多数的情况下，也很容易通过。况且，中国至今仍然存在比较严重的“一股独大”问题，使得本是集体决策的董事会体制蜕变为一人或少数人决策体制，独立董事的决策权和监督权基本上徒具形式。

二、独立董事报酬无明确标准，追求高报酬衍生普遍的“附和”问题

中国上市公司独立董事的报酬一直没有明确的标准，使得独立董事的报酬高至几十万乃至上百万元的不在少数，还有不少独立董事拥有公司股票，而且很容易变现。在这种情况下，独立董事很容易变成公司高管的附庸而丧失独立性，决策时普遍存在“附和”现象。

相比之下，英美等发达国家对独立董事报酬的规定则非常严格。如美国纽约证券交易所明确规定，如果独立董事每年获取的报酬超过 10 万美元，董事会要对其独立性进行评价，进而可能失去独立董事职位。英国公司治理委员会提出，为了确保独立性，独立董事不应从公司获取除津贴及旅行费用之外的其他报酬。

不过，需要注意，报酬高低绝非判断独立董事独立性的唯一标准，甚至不是重要标准。并不是说，独立董事报酬越低，其独立性就越强。中国上市公司也有很多独立董事的报酬低于 10 万元，但这并不意味着他们的独

立性很强。独立董事的独立性主要取决于独立董事的市场约束以及决策权和监督权的法律保障。

由于中国经理人市场和资本市场的不健全，市场对独立董事能力和声誉无法给出客观判断，市场无法对独立董事进行评价和约束。加之相当一部分独立董事来自高校、科研机构和官场等“相对低收入”人群，因此希望增加收入的心态（不论增加多少）使得这些独立董事难以对抗产生自大股东和经营者的董事，即在董事会决策中，大股东董事和经营者董事（两种经常是一体的）往往起着主导作用，而独立董事只能被动接受大股东和经营者的意志。

在西方发达国家，由于绝大部分独立董事都是来自其他公司现任高管，而现任高管受到经理人市场和资本市场的很强约束。一个高管被聘为独立董事，意味着市场对他有较高的评价，从而会增加其担任其他公司高管的薪酬（不是担任独立董事的薪酬）。这样的高管不会为了在任职独立董事的公司谋求高薪酬而失去独立性，否则将大大降低其市场声誉，并进而大大降低其担任其他公司高管的薪酬，甚至失去高管职位，这对他是极不划算的。

当然，独立董事并不是不要报酬，相反，给予与其知识价值相应的报酬是合理的。不过，在中国现实不完善的资本市场和经理人市场条件下，这种报酬的给付者不应是经营者，而应通过股东大会讨论后强制性执行，这样可避免经营者渗入其中，从而影响独立董事的独立性。

（原载《中国报道》2014 年第 7 期）

发展混合所有制经济，关键是要装“新酒”

党的十八届三中全会通过的《中共中央关于全面深化改革若干重大问题的决定》(以下简称《决定》)提出要准确界定不同国有企业的功能，积极推动混合所有制经济的发展，这是国有企业深化改革的基本思路。其实，发展混合所有制早已有之，并不是近些年提出的新概念。而今重提和强调发展混合所有制，不过是“旧瓶装新酒”的问题，同时也意味着之前国有企业发展混合所有制是不太成功的。

这里关键的问题是“新酒”。笔者认为，“新酒”包含两个方面：一是既有国企不让进的问题；二是民营资本不敢进的问题。

一、既有国企不让进的问题

何谓混合所有制？顾名思义，“混合”意味着同一企业中存在多元股东或经济主体，不同经济主体入股同一企业的目的是寻求投资回报的最大化。显然，非竞争性国有企业(如公益性国有企业和自然垄断性国有企业)是不适合发展混合所有制的，只有追求盈利最大化的竞争性国有企业才适合发展混合所有制。而竞争性国有企业发展混合所有制，意味着除了国有股东外，还有非国有股东，两者对投资回报的追求是无差别的。

国有企业发展混合所有制，鼓励更多的非国有资本(民营资本)进入国有企业，但既有国有企业未必有动力引入民营资本。越是垄断程度高的行业，既有国有企业越可能不愿意民营资本进入，即使迫于政策压力，也可能是摆摆样子,在无足轻重的领域开点“小口子”。因为其他经济主体进入,意味着既有企业“平静的生活”被打破。另外,既有企业也会认为其他主体进入会参与“分蛋糕”,尽管实际上“蛋糕”会做大,但那要付出智慧和能力,这远不如“平静的垄断”来得轻松。

当然,也有另外一种可能,即进入国有企业的民营资本与既有企业合谋,制造新的行业垄断,此时国民福利仍存在被剥夺的风险。因此,国有企业发展混合所有制,不能仅仅满足于民营资本进入国有企业,而是放开行业限制,允许民营资本进入原有的垄断行业,使民营企业直接与既有国有企业进行有效的和充分的竞争,由此才能打破既有的行业垄断,为民营资本参与国有企业改组和改造,从而健康发展混合所有制经济,扫清障碍。

既有国有企业不让进,还有另一种可能,即既有国有企业经营者对“国有资产流失”的担忧。由于对国有资产流失的界定比较模糊,使得经营者左右都很为难。混合所有制成功了,可能被认为有更多的国有资本收益转移给了民营资本,从而被认为是国有资产流失;混合所有制失败了,则更有可能被戴上“国有资产流失”的帽子。因此,应当通过制度形式来清晰界定国有资产流失,以消除既有国有企业经营者的担忧。

二、民营资本不敢进的问题

对于国有企业发展混合所有制,允许民营资本进入,大连万达集团董事长王健林表示:“如果要混合一定是民营企业控股,或者至少我要相对控股;如果国企控股,不等于我拿钱帮国企嘛?那我不是有毛病吗?不能干这个事。”柳传志也表示:“民企入局国企的混合所有制改革,如果把控不了,就别投。”

很明显,民企并非不想参与国有企业发展混合所有制,而是“不敢”,或者说存在“担忧”。担忧什么?担忧被控制,担忧因被控制而造成自己的利益受损。这种担忧不无道理。国资监管机构和国有企业总是担心国有资产流失，但其实同样存在民营资本流失问题。如果竞争不充分、不公平、不透明，国资因政策保护而过于强势，则民营资本流失就会成为客观存在。《决定》尽管指出，“公有制经济财产权不可侵犯，非公有制经济财产权同样不可侵犯”，但却同时指出：要“不断增强国有经济活力、控制力、影响力”，国有企业发展混合所有制经济，“有利于国有资本放大功能”，“国有资本投资项目允许非国有资本参股”。这里显然是存在一定矛盾的，由于非国有资本或者民营资本只能参股，即只能做小股东，双方权力是不对称的。因此，强调国有经济的控制力、影响力和国有资本的放大功能对只能“参股”的民营资本无疑会构成威胁，而现实也很残酷地印证了这一点，如母公司（国有企业）对其控股的子公司的“掏空”和“利益转移”现象。

因此，国有企业发展混合所有制，不应该过度强调国有资本的放大功能，更不应该过度强调国有资本的控制力和影响力，而应该强调通过有效的公司治理机制设计，保护混合所有制企业中所有投资者和其他利益相关者的权益，只有这样，才能调动各种利益主体的积极性。具体包括：

第一，要保护混合所有制企业中所有股东权利并实现股权的相互制衡。核心是如何防止大股东（国有股东）侵害小股东（非国有股东）问题，这既涉及国有企业吸收民营资本时民营资本有无进入动力的问题，也涉及政府放弃干预和既有国有企业放弃垄断的问题。

为此，在公司控股形态上，无需追求国有绝对控股，国有持股多少由市场来决定。为了避免国有股东一股独大，应尽可能采用国有相对控股的组织形式。原因在于：一方面，由于相对控股股东拥有的股权比重较大，因而他有动力发现公司经营中存在的问题，并对经理人员的经营行为高度关注；另一方面，相对控股意味着公司股权集中程度有限，相对控股股东的地位容易动摇，因而他不大可能独断专行甚至侵害其他股东利益，其他股东参与公司治理的动力大大增加。无疑，相对控股模式更有利于发挥公司治理的作用，能够更为有效地促使经理人员按股东利益最大化原则行事，并实现公司价值最大化。

但是，既然仍然是国有控股，则民营资本的担忧就难以消除，为此，政府应该放弃对国有资本的任何政策支持和保护，同时规定国有资本不享有任何超越民营资本的特别权力。这是因为,竞争性企业的本质就是公平竞争。随着条件的成熟,在公平竞争的前提下,民营资本也可以成为控股股东。政府必须认识到,国有企业发展混合所有制不是目的,国有资产增值也不是目的,这些都是手段,国有企业发展混合所有制的目的应该是国民福利的最大化,只要国民福利提高了,手段是可以多种多样的。

第二,要提高混合所有制企业的董事会治理水平。董事会是代表所有股东行使战略决策和对经营者的监督职能的,但现实中董事会却总是成为大股东的代表机构,甚至自身变成经营者,从而使董事会丧失了其本属职能。因此,如何提高董事会治理水平非常重要和急迫。这既涉及国资监管机构的职能转换(从管资产与管人管事相结合到以管资本为主),又涉及股东大会和董事会的会议机制问题(要保证董事会中有小股东代表及其话语权,保证董事会的独立性等)。

这里要特别强调董事会和经营层二者职能上的区别,因为现实中经常把二者混为一谈。按照现代公司治理规范,混合所有制企业董事会的职能应该是:(1) 董事会作为代理人如何做到对委托人(股东)尽职尽责;(2) 董事会作为决策者如何做到科学决策;(3) 董事会作为监督者如何做到监督到位而不会被经营者(被监督者)所干扰;(4) 董事会作为利益主体如何做到既有动力又不被利益所“俘虏”(激励与约束)。显然,董事会和经营层之间是监督与被监督的关系。

要明晰董事会职能并能够履行董事会职能,必须在董事会构成和董事会治理机制上下工夫。为增强非国有股东参股国有企业的动力,董事会中必须有较多的独立董事,并且必须有非国有股东的代表。在当前强调国有资本的控制力,民营资本只能参股,而国有资本还享受某些政策支持的背景下,在董事会中强调有民营资本代表尤为重要。为保证董事会中有民营资本代表,股东大会必须采取累积投票制。

还可以有另一种选择,即所有股东代表都退出董事会,同时大幅增加独立董事人数,因为严格意义上的独立董事是代表所有利益相关者的利益的,其中也包括投资者,而且投资者是核心。与此同时,应该大幅减少执行董事(经营者董事)人数,最好控制在 2 人以内。不过,这样做的前提是:

独立董事必须是高度专业化的，而高度专业化的独立董事又来自高度职业化的经理人市场，以接受经理人市场的强烈约束，因此发展经理人市场非常紧迫。在这样的董事会结构中，董事会是能够实现高度独立的。

第三，要提高混合所有制企业的企业家能力。混合所有制经济要获得发展，必须在厘清董事会职能的前提下，高度重视企业家的独立性和能动性。这里的企业家不应是董事长，而是总经理，因为董事长作为董事会的召集人是代表所有股东的，其与企业家之间的关系是监督和被监督的关系。因此，董事长成为总经理，监督和被监督的关系就不存在了，尤其是目前中国资本市场和法律制度尚不完善的情况下更是如此。但监督不是干预，要充分发挥总经理的能动性，就必须给予独立性，包括赋予独立权力和独立承担责任。这既涉及经营者的选择问题（从政府或大股东任命回归董事会独立选聘），也涉及经理人市场的发展问题。

与提高企业家能力相对应的是企业家的选聘和考核。最理想的做法是通过职业化的经理人市场，以贡献来对企业家进行考核。目前国有企业对于公开招聘企业高管（企业家）持较为消极的态度。企业家直接影响企业文化、内部环境和经营思路等，长期体制内的选拔企业高管，会抑制企业增加"新鲜血液"，难以突破固有思路和模式，也难以提升创新性，这可能是国有企业推进混合所有制企业改革的又一大困难。选聘不同背景的企业家，包括选择成功的民营企业家，会带来多元化模式和思路的优势，也必然会引发不同思想碰撞所产生的"阵痛"，然而，不能因为"阵痛"而认为这种选聘方式不适用于国有企业，固守原有思维模式只会加剧国有企业的"固步自封"，从而抑制企业推进改革和创新。由于混合所有制企业处于平等和充分竞争的市场环境下，因此可以推动通过职业化的经理人市场来选聘企业家，选聘的标准是如何在合乎公司治理规范的前提下实现企业价值最大化。相应地，应该取消国有控股的混合所有制企业高管的行政级别，高管激励来自市场和薪酬。目前国资监管机构对于企业高管薪酬有总额限制，由此带来的主要问题是，有的企业业绩上涨较快，但薪酬没有上涨的余地，高管薪酬没有真正与企业实际情况相结合。对此，应该在政府放弃特殊支持的前提下，企业高管薪酬完全按市场规则来确定，以促进其按照市场规则追求利润最大化。具体来说,是在董事会公开选聘高管的基础上,由被选企业家与董事会之间的谈判来决定,具体额度则由董事会视企业家完成经济绩效(即贡献)的情况确定。

(原载《改革内参》2014 年第 26 期)

规范国企负责人薪酬的路径选择

2014年8月29日，中共中央政治局召开会议，审议通过了《中央管理企业负责人薪酬制度改革方案》(以下简称《方案》)，提出要逐步规范国企负责人收入分配秩序，这对于矫正目前紊乱的国企负责人薪酬现状，无疑具有非常重要的指导意义。

规范国企负责人薪酬秩序，是一个攻坚战，需要研究出台多种方法和措施，但有一点是确定的，即由于我国国企分布领域广泛，规范国企负责人薪酬必须根据实际情况，要综合考虑企业负责人的来源、职责和贡献等因素，既不能普遍提高，也不能普遍降低，要因企制宜。

一、以“类”与“层”区别国企实情

所谓“分类”，是指中国国企具有不同类型，具体可以划分为两大类四小类。一是合理垄断性国企，包括公益性国企、自然垄断性国企和国内稀缺资源垄断性国企，这三类或者具有公共性或准公共性，或者因资源稀缺而必须抑制过度开发和过度消费，因此都必须由国家垄断经营，故称之为“合理”垄断；二是竞争性国企，不属于以上三小类的国企都可以归为此类，包括目前仍处于垄断(实际是行政垄断)地位的国企，如电信、金融等。鉴于目前国企的复杂性，不少国企同时具有相互矛盾的不同功能，既有盈利性又有公益性。对这些国企，必须通过重组和剥离，实现国企功能的纯粹性，否则，互相矛盾的不同功能都难以实现，甚至还会诱发利益输送和国有资产流失等问题。

所谓“分层”，是指同一企业的不同负责人具有不同的来源和职责，这里的“层”不是层级。例如，对于一家竞争性的国有独资企业来说，作为企业负责人的董事可以包括三种情况，一是政府派出的董事(外部非独立董事)，二是独立董事，三是高管董事。前两者是非执行董事或外部董事，后者是执行董事或内部董事。除此之外，负责人还包括高管董事之外的其他高管人员，如副总经理。对于企业集团，母、子公司的负责人同样存在来源和职责等方面的差异。

二、依国企不同目标选择负责人

对于公益性国企来说，其经营目的是为公众提供公共品，不是为了追求利润最大化，因此民营企业不愿进入。为保证公益性国企提供足够数量的、高质量的和安全的公共品，就应该对企业负责人施以严格的约束。

对于自然垄断性国企来说，其提供的产品和服务属于准公共品，具有规模报酬递增、成本递减、需求刚性的特征，决定了该类国企应该在盈亏平衡或微利的前提下提供足够数量的、高质量的和安全的准公共品，以实现公众福利的最大化，而不是追求利润最大化。

对于稀缺资源垄断性国企(仅限国内)来说，为了实现抑制过度开发和过度消费的目的，也必须对企业负责人施以严格约束。尽管为了抑制消费而会产生很大利润，但利润应通过征收高额资源税的形式绝大部分上缴国库，显然，对该类企业负责人的约束不应低于前两类国企。

上述特点决定了三类合理垄断性国企的负责人应当由政府委派，具有相应的行政级别，即行政约束及其对应的法律约束是这三类国企的核心约束方式。但政府委派的企业负责人应该是可竞争的，即可以按照三类国企的性质确定相应的标准，以此实现企业负责人的竞争上岗，实现三类国企的不同目标。

与三类合理垄断性国企不同，竞争性国企以追求利润最大化为首要目标。因此，该类企业负责人尤其是高管人员应该更多地从职业化的经理人市场中选聘，以选择到适合企业发展的、有很强能力的、具有企业经营经验的、信誉高的经营者。但是，从经理人市场中选择经营者，有赖于经理人市场的成熟与完善，有赖于经理人声誉的透明与公开，由此选择的经营者，会受到经理人市场的很强约束。因此，政府应大力推进职业经理人市场的建设，其中核心是经理人履职和诚信情况的公开和透明。

三、科学设定国企负责人评价标准

公益性和自然垄断性这两类国企负责人的贡献应以企业的成本控制水平（包括负责人履职成本）和公众满意度作为标准。

选择成本控制水平作为评价标准，是因为这两类国企需要在满足公众需求的前提下尽可能降低成本，防止虚增成本，对于公益性国企，还为了减少财政压力。因此，能否有效控制成本水平，以最小的投入获得最大的产出，是评价公益性和自然垄断性国企负责人贡献的主要标准。

选择公众满意度作为评价标准，是因为公众是公益性国企和自然垄断性国企产出的最终使用者，且公共品和准公共品是不能选择和替代的。因此，能否为公众提供数量足、质量优的公共品和准公共品，就自然成为评价公益性国企和自然垄断性国企负责人贡献的重要标准。

对于稀缺资源垄断性国企来说，由于需要抑制消费，因此产品定价必须考虑供需水平，这使得企业可以盈利，只是盈利需要绝大部分上缴国库，然后通过国家财政支出回馈公众。因此，对于这类国企，要把成本控制水平（包括企业负责人履职成本）和利润水平作为企业负责人贡献的重要评价标准。

对于竞争性国企来说，其目标是利润或投资回报的最大化，因此能否实现利润或投资回报的最大化是评价企业负责人贡献的主要标准。利润或投资回报的最大化一方面表现为公司绩效的高低，另一方面则表现为这些绩效所承担的经营风险。因此，竞争性国企负责人的贡献应以公司绩效和经营风险作为评价标准,以促进企业负责人以一定的经营风险,创造尽可能高的经营绩效。

四、以政治地位和市场薪酬分别激励

对于公益性国企、自然垄断性国企和国内稀缺资源垄断性国企来说,其负责人由政府委派。因此,对负责人的激励不应来自以现金、股票、期权为主要形式的薪酬,而应来自行政职务的升迁,也就是政治地位的提升。当然,由于这三类国企负责人的薪酬与职位升迁挂钩,因此职务升迁也意味着薪酬的增加。

由于三类合理垄断性国企的负责人由政府委派,并具有相应的行政级别,因此这三类国企负责人的薪酬待遇应与同等级别的公务员保持一致。不过,即使属于同等级别的公务员,也应当根据企业负责人的实际贡献而有所不同,以体现负责人贡献的差异化。同时,还应当通过第三方审计、信息披露等途径,严格控制这三类国企负责人的在职消费,避免企业负责人通过在职消费实现自我补偿,或者虚增成本为自己谋利。

对于竞争性国企来说,由于其负责人主要来自市场,其薪酬也应由市场决定,但前提是,政府必须放弃对企业的任何资源和政策支持,否则,薪酬很难反映企业负责人在市场竞争中的贡献。在具体薪酬制定中,应参考同行业、同规模、同地区其他竞争性企业的高管薪酬水平,在科学评价企业绩效的基础上,对负责人绩效做出客观评价。政府不应对企业负责人薪酬设定上限,薪酬多少应考虑企业负责人的实际贡献,尤其在股权多元化的竞争性国企中更是如此,因为尽管国有股东是大股东,但不是唯一股东。

从激励形式上,三类合理垄断性国企负责人的激励形式相对比较简单,基本上是行政级别加贡献的形式;而竞争性国企负责人的高管薪酬形式应是多样化的,应采用现金激励与股权激励相结合、短期激励与长期激励相促进的“薪酬包”形式。利用这种薪酬形式将企业负责人的个人利益与股东利益联系起来,使得企业负责人在最大化自身利益的同时,实现股东投资回报的最大化。

三类合理垄断性国企负责人的选聘和薪酬决定处于行政体系中，而竞争性国企负责人的选聘和薪酬决定则处于市场体系中，无疑，这两个体系应当是独立的、没有交叉的。企业负责人如果享受了行政体系中的级别待遇，就不能再享受市场体系中的市场化薪酬；如果享受了市场体系中的市场化薪酬，就不能再享有行政体系中的级别待遇。因此，竞争性国企负责人来自市场，薪酬就应由市场决定，应取消其行政级别，使其不再享有相应的行政级别和待遇。

五、薪酬需有“层”的差别

三类合理垄断性国企负责人的薪酬根据负责人的行政级别和贡献来决定，由于行政级别容易判断，只要解决好贡献评价问题，薪酬就基本可以决定下来。对于公益性国企和自然垄断性国企来说，公众满意度是衡量企业负责人贡献的重要形式。对于稀缺资源垄断性国企来说，能否实现“双重抑制”是衡量企业负责人贡献的主要形式。

竞争性国企的情况更复杂一些。比如，对于一家国有独资公司，董事是企业的主要负责人。如果其董事会由政府董事、独立董事和高管董事三部分构成，则三类董事的薪酬决定机制不应该相同。

对于专职的政府董事，建议借鉴新加坡淡马锡模式，享受相应级别的公务员待遇，并根据其贡献有所浮动。如果完全是公务员待遇，可能会降低公务员到企业任职的积极性；如果完全是市场化薪酬，则会降低其监督企业高管的动力，可能会与企业高管形成利益同盟。因此，对于政府董事，可以考虑一个略高于同级公务员的薪酬待遇，使其能够忠实履行政府对企业的监督职责。对于兼职的政府董事，则可以完全类比公务员薪酬待遇。

对于独立董事，可以采用国际通行的做法，即车马费加少部分津贴，如果政府能够尽快建立一个成熟的、透明的(尤其是透明的诚信体系)经理人市场，则独立董事的作用将不会因薪酬待遇低而降低其作用，相反，其独立的决策和监督作用会大大增强。

对于高管董事和其他高管人员,则与前述的竞争性国企负责人的薪酬决定相同,即实行市场化薪酬。

对于国有独资公司和国有控股公司控股的子公司,来自国有独资公司和国有控股公司的董事,如果是兼职的外部非独立董事,则从派出公司领薪,薪酬多少由其在派出公司中的地位来决定;如果派出的是专职董事,则成为执行董事,即高管董事(这与前述政府派出的专职董事不同),应该实行市场化薪酬。对于独立董事和其他高管人员,则与前述薪酬决定形式相同。

六、严格信息公开

不管是合理垄断性国企,还是竞争性国企,企业负责人薪酬的公开透明都是不可缺少的监督机制。

对于公益性国企和自然垄断性国企,应该强化企业负责人对公众的责任意识。对此,企业应定期、全面和客观地披露公共品和准公共品的数量与质量、企业的运营成本(包括企业负责人履职成本)和负责人薪酬(包括数量和结构),并建立公众满意度调查制度。公众有权对企业提出质询,应建立公众质询平台。针对公众的合理质询,企业负责人应当及时做出应答,确保公众质询的问题得到切实解决。同时,企业还应当定期向公众披露公众质询的解决情况。通过上述信息披露以及公众满意度制度建设,使企业负责人的贡献能够得到客观评价,进而使企业负责人获得与其贡献相适应的薪酬水平。

对于稀缺资源垄断性国企,应强化企业负责人"双重抑制"的意识,树立经济社会可持续发展的理念,对此,应严格要求企业及时披露稀缺资源开发及影响评估报告、成本控制水平(包括企业负责人履职成本)、利润水平及上缴情况,以及负责人薪酬(包括数量和结构),使得公众能够及时了解稀缺资源的开发、使用,以及对经济社会可持续发展的影响,并对成本控制提出合理质询，借此评估企业负责人贡献，进而确定其薪酬水平。

对于竞争性国企，关键的信息披露包括三个方面：一是成本和利润；二是投资者回报；三是企业负责人（尤其是高管人员）薪酬数量和结构。前两者决定企业负责人薪酬水平是否合理，而披露薪酬结构是使投资者判断企业负责人是着眼于企业的长期发展还是仅仅满足于短期行为。更重要的是，企业负责人薪酬公开透明，可以促进经理人市场均衡价格的形成，并对企业负责人形成足够激励。

（原载《企业观察报》2014 年 9 月 1 日）

混合所有制董事会选聘机制调适

目前,国有企业发展混合所有制正在推进中,从国务院国资委到地方国资委,从中央企业到地方企业,都相继推出了一些改革举措,但在董事会独立选聘总经理方面,改革进展非常缓慢,似乎这是一条“红线”,不敢越雷池一步。

一、董事会不独立导致董事会独立选聘总经理成为奢求

根据公司法,股东大会选举产生董事会,董事会选聘总经理。然而,在实践中,不论是股东大会选举董事会,还是董事会选聘总经理,更多的是走形式。对于国有控股公司来说,则基本上是国资委或组织部门提出人选,然后再通过股东大会(对于董事而言)或董事会(对于总经理而言)聘任,甚至副总经理和其他高管人员也有很多是由国资委或组织部门任命的。在这种情况下,一方面,股东大会选举董事的动力大大减弱,尤其是小股东,通过股东大会表达自己诉求以及选择自己的代理人成为一种难以实现的奢求;另一方面,董事会对于以总经理为首的经营者的行为可以完全不负责任,因为这些经营者不是他们选择的。

在现代公司,董事会被赋予两大职能,一是科学的战略决策,二是对经营者的有效监督,但现实中,由于董事会的不独立而使这两大职能难以实现。董事会既不能独立于国资委或组织部门,也不能独立于经营层,实际上成为一个虚置或被架空的角色。根据我们 2013 年对董事会治理的评

价,2012年中国上市公司董事会治理指数平均值仅为51.95,其中国有控股公司董事会治理指数平均值为52.44,民营控股公司董事会治理指数平均值为51.60。如此之低的董事会治理水平反映了中国上市公司董事会治理的规范性存在严重不足,对于非上市公司来说,这种不足更为明显。

国有控股公司(其实也包括民营控股公司)董事会治理存在的一个突出问题表现在董事会职能和经营层职能的混同。在中国绝大部分公司,董事长被确定为公司的法人代表,被视作公司的"一把手",是董事和总经理的领导者,董事长的权力要高于总经理。其实,公司治理层是通过契约来规范的,是没有"一把手"概念的。根据公司法,董事长由董事会选举产生,外部董事或独立董事也可以担任董事长。实际上,董事会是一个会议体,董事的权力是平等的,董事长并非一定是公司的法人代表,他(她)仅仅是"董事会的发言人"或"董事会召集人",并不是凌驾于其他董事和总经理之上的领导者。董事长的职权具有组织、协调、代表的性质,且限于董事会的职责范围内,向总经理授权进行企业正常经营管理工作的是董事会而不是董事长。

董事长成为"一把手",其本质是把董事长职能置于与总经理职能等同的位置,不同的只是前者是"一把手",后者是"二把手",于是,董事长作为董事会成员所承担的监督角色与经营者作为被监督的角色一体化了,在两个职务为同一人的情况下,这种一体化更加突出。

从董事会构成上看,执行董事(内部董事)和外部董事(独立董事和外部非独立董事)基本上是2∶1的比例,这也是董事会和经营层的职能混同的重要原因。2/3的执行董事意味着董事会中绝大部分都是经营者。在这种情况下,尽管董事长和总经理等负责人都是国资委或组织部门委派的,但仍容易形成内部人控制,信息的不对称更加剧了这种内部人控制。

二、应尊重董事会独立选聘总经理的权力

董事会独立选聘总经理(CEO)是公司法赋予董事会的一项基本权力,

也是市场经济成熟国家通行的公司治理规范。对于混合所有制企业,尤其是股份公司以及其中的上市公司,不管是谁控股,根据《公司法》,股东(包括控股股东)均没有选择以总经理为代表的经营者的权力,经营者皆须由董事会来选择和聘任。否则,董事会中的任何董事都不会为他选错经营者而负责任,而股东由于身处企业之外,更承担不了这样的责任,即使有责任,股东(尤其是控股股东)也难以受到惩罚,况且《公司法》也没有规定股东要承担选错经营者的责任。对于国有股来说,股东代表机构是政府,政府是集体,让集体负责等同于无人负责,事实上也没有任何集体(机构)对选错总经理承担责任。因此,严格遵守公司法,确保董事会独立地选聘经营者,并承担选错的责任,必须给予高度重视,这也是依法治国在企业中的重要表现,即依法治企。

董事会拥有独立选聘总经理的权力既是董事会独立性的重要体现,也是促使董事会选聘高能力企业家的动力源。高能力的或"好"的总经理(企业家)应当是使所有者的利益得到最大限度的实现,而要做到这一点,主要的决定因素有两个:一是有无能力;二是是否忠诚。因此,要选择到高能力的企业家,首先有善于识别具有企业家才能的个人;其次要强化来自所有者的监督和约束。然而,国资监管机构或组织部门对企业家的选择很难保证选择到"好"的企业家,因为高能力的企业家是在激烈的市场竞争中涌现出来的,单靠国资监管机构或组织部门的"独具慧眼"是远远不够的,也是力不从心的,不是可选择的企业家最优选择方案。根据我们 2014 年对企业家能力的评价,2013 年中国上市公司企业家能力指数平均值仅为 33.47,其中国有控股公司企业家能力指数平均值为 33.19,民营控股公司企业家能力指数平均值为 33.65,这说明,中国企业家能力还处于较低的水平上。或者说,由于缺乏市场激励,造成真正有能力的企业家难以涌现出来,这恐怕也是国有企业经营者腐败频发的重要原因。

然而,现实中,董事会选聘总经理的法定权力却基本没有得到落实。根据我们对截止 2013 年底 2 293 家上市公司样本的统计,总经理由市场选聘的公司仅为 279 家,占比为 12.17%。其中国有控股公司有 112 家,占全部国有控股公司的比例为 12.56%。需要注意的是,对于国有控股公司来说，这种市场选聘并非都是由董事会独立选聘，更多的是国资监管机构和组织部门主导选聘，就此看来，真正由董事会独立选聘总经理的比例是非常低的。

国资监管机构和组织部门主导选聘总经理一般有三个来源：一是从政府中选派；二是从公司内部选拔，一般由某一副手接任；三是将其他国有企业的经营者调任该公司。由于国有企业的经营者拥有行政级别和行政待遇，因此基本上不存在从民营企业家中选聘的问题。实际上，民营企业中不乏优秀的企业家，像法国，优秀的民营企业家是可以成为国有企业的经营者的。竞争性国有企业发展混合所有制，一方面应取消总经理的行政待遇，另一方面，相对应的，也应该注重从优秀的民营企业家中选拔总经理，使其成为一种重要的总经理选择渠道。

三、加快培养经理人市场，提升企业家能力

在厘清董事会职能的前提下，让总经理选聘权回归董事会，并高度重视总经理的独立性和能动性，是国有企业长期稳定发展的必然趋势。在中国资本市场不健全的情况下，董事长和总经理应该分开，应明确企业的企业家不应是董事长，而是总经理。董事会（包括董事长）负责监督，但监督不是干预，要充分发挥总经理的能动性，为此必须给予其独立性，包括赋予独立权力和独立承担责任。在企业家选聘和考核上，在加快推进职业经理人市场建设的基础上，要通过职业化的经理人市场来选择企业家，并以贡献（企业价值或股东回报）来对企业家进行考核。只有使总经理选聘回归市场，才能在市场竞争中造就更多的优秀企业家。

企业家的市场选择是以成熟的经理人市场为前提的。成熟的经理人有四方面的重要特征：一是经理人是职业化的，即经理人人力资本具有高度的专用性，一旦失去经理职务，他们的损失将非常大。二是经理人市场是企业家选择的重要来源，在经理人市场上，经理人就是潜在的企业家，甚至就是现实的企业家，因为经理人市场上的经理人很多就是企业的现任高

管。三是经理人市场具有信号显示和传递作用，它能把企业的业绩与企业家的人力资本价值联系对应起来。在经理人市场上，经理人的报酬是其“价格”信号，而经理人以往的努力和业绩则是其“质量”信号。四是信用约束制度的健全，诚实守信是职业经理人的立身之本。在经理人市场上，经理人的信息必须是可靠可信的。在这样的经理人市场上，一方面它为企业提供了一个广泛筛选、鉴别经理人能力的平台，另一方面又能使企业拥有在发现选错经理人后及时改正并重新选择的机会。成熟的经理人市场的存在，能有效促使在任经理勤勉工作，不断创新，诚实展示自己的高能力，并获得与其能力相匹配的高薪酬。否则，市场就会显示他(她)是低能力或低信用的经营者，他(她)非但不能获得高报酬，而且会面临被“炒鱿鱼”的危险。

中国尚不存在真正意义上的经理人市场，如果说有的话，也只能算是模糊的经理人市场，因为信息的不对称造成经理人能力的信号无法显示出来。在现实中，企业已经习惯于内部产生或“空降”总经理。当然，在成熟的经理人市场上，内部产生未必一定是对经理人市场的背叛，因为企业内部高管人员本就是经理人市场的组成部分，是潜在的总经理人选。但问题在于，在经理人市场不成熟甚至不存在的情况下，这种内部选择也就基本局限于“瘸子里面选将军”，即使选了并非真正具有企业家能力的人，也只能是“将就”；即使选了真正有能力的企业家，在信息不透明的情况下，也会被认为是“关系”的产物，而不被认为是“真实能力”的产物。

在经理人市场上，经理人信息完备是必不可少的要件。在经理人信息中，不仅有潜在能力的信息，如教育水平、工作年限和经历等，更有实际能力的信息，如关系网络、社会责任、对企业的实际贡献；不仅有成功的信息，如被聘为独立董事、担任人大代表等，也有不成功的信息，如贷款诉讼(未按期偿还)、投资者低回报或无回报、员工收入增长过慢或不增长、被监管机构谴责等。在充分、真实的信息中，体现着企业家诚信经营、敢于创新和担当的品质和精神。市场必须有惩戒机制，即必须能够让不诚信的经理人承担隐瞒信息的代价，如果经理人提供了不真实信息(比如隐瞒自己的社会关系和失败经历)，将会导致淘汰的概率大大增加，比如列入不诚信名单并公开，这意味着他将很难再被企业所选择，甚至不得不退出经理人市场。这类似于市场产品，消费者可以上当一次，但两次或多次上当是不可能的，最终生产劣质品的企业将面临倒闭的风险。为此，政府应该通过建立经理人市场规则，加快推动建立真正意义上的经理人市场步伐，以使更多的优秀企业家能够脱颖而出。

（原载《企业文明》2014年第12期）

平权是混改的制度基石

党的十八届三中全会确定了国企分类改革和发展混合所有制的改革思路，十八届四中全会则确立了依法治国的基本理念，这两者结合起来，国企改革也必须依法改革，并实现依法治企。

国企发展混合所有制的本质含义是国资和民资的混合，无疑，国企发展混合所有制需要高度重视混合中国资和民资的权利是否平等问题，而这恰恰是国企发展混合所有制的难点，也是制度(尤其是法律制度)建设的重点。党的十八届三中全会指出，要不断增强国有经济的活力、控制力和影响力。这句话在现实中产生了不少误解，不少民营企业家据此认为，国企发展混合所有制就是新一轮的国进民退，因为民资进入既有国企，只能做小股东，最终结果只能是被国资所控制，从而造成民资的权益得不到保护，这成为民资参与国企发展混合所有制的最大阻力。一些政府和国企负责人也持同样的认识，认为如果国资不能控制民资，就会导致国资流失，而"国资流失"这顶帽子是任何国企负责人都承担不起的。由于对"国资流失"缺乏法律的严格界定，国资和民资的市场交易又不透明，使得"国资流失"随时都有可能戴到某个国企负责人头上，这成为国企负责人发展混合所有制动力不足的最重要的原因。

我认为，对"不断增强国有经济的活力、控制力和影响力"不能做绝对的理解。对于公益性国企、自然垄断性国企和稀缺资源类国企，增强对它们的控制力和影响力是必须的，这三类国企可以称之为"合理垄断企业"，不适宜发展混合所有制。混合所有制既然是国资和民资的混合，无疑其发展目标是追求收益最大化，因此只有竞争性国企才适宜发展混合所有制。而竞争性国企发展混合所有制，就不能强调国资对民资的控制，只能强调国资和民资的平等。可以说，国资和民资混合的关键就是平等，如果过度强调国资的控制力，必然会引起民资的恐惧心理。只有实现权利平等，实现双方的公平，国资和民资才能有效地混合，进而才能形成国资和民资的合力，否则民资非但不愿意进入，而且还会影响企业活力。

那么，如何建立国资和民资平等的机制？

第一，要取消政府对国有股东的政策支持，对中小股东实行累积投票制，这是实现股权制衡，强化包括中小股东在内的所有股东对董事会监督的重要制度保证。很多已经是混合所有制的国有控股企业，包括上市公司，由于国有股一股独大，加之政府支持，使得国有大股东侵害其他股东的现象屡见不鲜，这在母子公司关系中尤为突出。在母子公司关系中，母公司是子公司的国有大股东，子公司通常是上市公司，子公司的中小股东基本上都是民资股东，在这种情况下，中小股东不仅难以参与决策，也缺少对董事会监督的动力，因为他们基本没有可能进入作为决策机构的董事会。在成熟市场经济国家，累积投票制是保证中小股东代表进入董事会并参与公司战略决策的重要制度安排，但在中国却缺少这样的制度安排，如在中国上市公司中，只有不到 10%的公司采取累积投票制。因此，国企发展混合所有制，基于目前的制度和市场条件，进入既有国企的民资只可能成为中小股东，在这种情况下，取消国有大股东享有的政策支持，对中小股东实行强制性累积投票制，便是实现各类股东平等，保证国企发展混合所有制取得成功的重要保证。

第二，大幅度降低股东行权成本，在保证信息充分和真实的前提下实行网上股东大会。股东参与股东大会行使权力是法定权力，但中小股东参与股东大会的热情却相当低下，这是大股东和中小股东权利不平等的又一表现，也反映了二者之间存在的矛盾和冲突。由于参会行权的成本由自己承担，而参会行权的收益则由所有股东共享，加之参会反映自己诉求的可能性很低，于是中小股东参与股东大会时普遍存在搭便车倾向。解决的途径是：除了实行累积投票制调动中小股东参与股东大会（监督）的积极性外，还要尽可能降低股东行权成本，可以考虑实行网上股东大会。目前实行网上股东大会的技术条件已经具备，但需要解决信息的完备和真实问题。没有完备的和真实的信息提供,即使实行了网上股东大会,也徒具形式。

第三,要切实保护中小股东利益,推行集体诉讼和索赔制度。集体诉讼是指当投资者(主要是中小股东)发现所投资公司因信息披露缺失或欺诈而使自己遭受损失时,可以直接向公司和当事人提起集体索赔和起诉,而无需支付任何费用(通常由律师事务所承担)。集体诉讼是美国等西方市场经济国家规范公司运作和保护投资者权益的重要制度安排,因为这种制度安排极大地提高了公司和当事人的违规成本。国企发展混合所有制,需要激发民资的动力,而利益保护是激发其动力的最有力的手段。集体诉讼制度的作用在于:一方面,由于集体诉讼的巨大威慑力,企业会加强自我约束,大股东对其他股东利益的侵害会大幅减少。另一方面,该制度有利于增强中小投资者的投资信心,原因在于,增强中小投资者信心,必须使中小投资者有良好的权益维护机制,而这恰是我们所严重缺乏的。中国现行法律尽管为投资者民事赔偿提供了实体法根据,但程序法上的诉权领域尚有空白。而一旦建立了投资者集体诉讼制度,完全可以将蓄意侵犯投资者权益的大股东、公司董事、监事、经理及其他管理人员告上法庭,那些以身试法者必将付出沉重的代价。

第四,实施股东对董事会的满意度调查制度。在美国等市场经济发达国家,通常股东对董事会的支持率应在95%以上,如果不支持率超过20%将视为非正常状态,从而董事会很可能解体,因为此时董事会已难以代表股东,或者董事会作为股东的代理人已经难以履职。由于这种支持率调查不是以持股比例作为依据的,因此中小股东可以对不满意的董事说“不”,从而更好地反映自己的诉求。这种制度有些类似于西方对国家领导人的“民调”制度。

第五,在公司控股形态上,尽可能采用国有相对控股,以实现股权制衡。国企发展混合所有制,无需追求国有绝对控股,国有持股多少由市场来决定。为了避免国有股东一股独大,应尽可能采用国有相对控股的组织形式。一方面,由于相对控股股东拥有的股权比重较大,因而他有动力发现公司经营中存在的问题;另一方面,相对控股意味着公司股权集中程度有限，因而控股股东不大可能独断专行甚至侵害其他股东利益，其他股东参与公司治理的动力大大增加。随着条件的成熟，在公平竞争的前提下，民资也可以成为控股股东。政府必须认识到，国企发展混合所有制不是目的，国有资产增值也不是目的，这些都是手段，国企发展混合所有制的目的应该是国民福利的最大化，只要国民福利提高了，手段是可以多种多样的。

总之，国企发展混合所有制，必须立足于平等。不过也应当注意，平等不是均等，平等是指按照现代企业的公司治理规范，企业的各个股东在法律地位上是平等的。由于持股比例不同，客观上必然存在权力和利益的不均等，但只要没有侵害，就不能认为是不平等。

（原载《上海证券报》2015年1月23日）

“混改”背景下的职业经理人建设

《国企》： 有人说，国有企业之所以没有真正走出困境，原因在于国企改革没有触及最关键的一个环节——国企管理者阶层引入市场竞争机制。张维迎也说过：“未来中国企业能否壮大，很大程度上取决于职业经理人队伍的建设，职业经理人队伍的建设将是中国企业继产权改革后的又一重大难题。”请问您如何看待这些观点？

高明华： 建立职业经理人队伍并不难，难的是建立职业经理人市场。只要建立起职业经理人市场，诚实守信、高能力的经理人就会涌现出来。其实，建立职业经理人市场也不困难，只要政府推动，很快就能建立起来，但遗憾的是政府动力不足。

在经理人市场上，经理人信息完备是必不可少的要件。在经理人信息中，不仅有潜在能力的信息，如教育水平、工作年限和经历等，更有实际能力的信息，如关系网络、社会责任、对企业的实际贡献；不仅有成功的信息，如被聘为独立董事、担任人大代表等，也有不成功的信息，如贷款诉讼(未按期偿还)、投资者低回报或无回报、员工收入增长过慢或不增长、被监管机构谴责等。在充分、真实的信息中，体现着企业家诚信经营、敢于创新和担当的品质和精神。市场必须有惩戒机制，即必须能够让不诚信的经理人承担隐瞒信息的代价。如果经理人提供了不真实信息(比如隐瞒自己的社会关系和失败经历)，将会导致淘汰的概率大大增加，比如列入不诚信名单并公开。这意味着他将很难再被企业所选择，甚至不得不退出经理人市场。这类似于市场产品，消费者可以上当一次，但两次或多次上当是不可能的，最终生产劣质品的企业将面临倒闭的风险。

很显然，这样的职业经理人市场与目前的国企领导人任命以及信息披露制度是有冲突的。一是被任命者信息不完全，使得被任命之前难以被甄别有无高能力，更无从甄别是否诚实守信；二是任命者和被任命者恐怕也不希望信息完全公开，因为信息完全公开与利益纠缠在一起，而且在信息不公开的情形下，任命者也可以不对选错企业领导人承担责任。这是信息公开进而建立职业经理人市场的最大难题。

但是，这样的职业经理人市场只有政府才能建立，任何个人或私人组织都不可能建立起全国性的职业经理人市场，而政府动力又不足。这是一个结。解开这个结，需要政府进一步解放思想，本着执政为民的理念积极推动。

《国企》：邵宁也曾指出，无论民企还是国企，在引进职业经理人方面遇到的问题不在制度本身，而在于外部环境和配套的制度建设。他强调称，董事会制度是职业经理人制度建设的基础制度。您如何理解这句话？

高明华：董事会制度本就是职业经理人制度的一个方面。在成熟市场经济国家，董事会成员基本上都来自职业经理人市场，很多是现任的其他企业高管。另外，也正是现行国企领导人任命制度，使得董事会不能独立行为，在董事会不独立的情况下，它就不可能对选错企业高管承担责任。最终结果是，没有任何人或组织对选错企业高管承担责任，这是造成目前很多国企高管腐败的重要原因。因此，关键是要改革目前的企业高管选聘制度，要使每个行为主体都能够对自己的行为负起责任来。

《国企》：《中央管理企业负责人薪酬制度改革方案》剑指央企高管薪酬偏高。而汾酒集团给五个营销总监岗位开出的底薪高达100万元。请问，高薪选聘职业经理人与国家调整国企高管薪酬的政策之间是否存在矛盾？

高明华：这并不矛盾。国家调整国企高管薪酬是基于目前高管的实际贡献。一方面，目前很多国企享受着政府赋予的资源和政策支持，有的垄断程度很高，缺乏充分的市场竞争，在这种情况下，国企绩效并不完全是高管贡献带来的。另一方面，有些国企高管具有政府官员身份，享受着公务员待遇。在这种情况下，适度降薪是具有合理性的。

但是，一旦市场充分竞争，政府完全取消对国企的资源和政策支持，并且企业高管来自透明的职业经理人市场，那么此时高管薪酬就应该由被选择的高管与选择者（董事会）讨价还价来确定。经理人市场具有信号显示和传递作用，能把企业的业绩与企业家的人力资本价值联系对应起来。在经理人市场上，经理人的报酬是其“价格”信号，而经理人以往的努力和业绩则是其“质量”信号，高能力、高信用必然对应着高价格。

《国企》：企业遴选职业经理人时，不少人是“空降”而来，如微软大中华区原 CEO 陈永正、国美电器董事局原主席陈晓、TCL 原副总裁吴士宏；也有些是内部提拔，如联想集团杨元庆、苏宁电器金明、美的集团方洪波等。您认为空降派和本土派，哪类更适合目前的国企实际？

高明华：中国尚不存在真正意义上的经理人市场，如果说有的话，也只能算是模糊的经理人市场，因为信息的不对称造成经理人能力的信号无法显示出来。企业家的市场选择是以成熟的经理人市场为前提的。其中经理人市场是企业家选择的重要来源，一方面它为企业提供一个广泛筛选、鉴别经理人能力的平台；另一方面又能使企业拥有在发现选错经理人后及时改正并重新选择的机会。由于国内经理人市场没有建立起来，作为经理人立身之本的信用约束也就不能发生作用。即使个别经理人做出丧失信用的事情，也仍然能够混迹于经理人队伍中，这直接影响了经理人的形象和可信任度。

在现实中，企业已经习惯于内部产生或“空降”总经理。在成熟的经理人市场上，内部产生未必一定是对经理人市场的背叛，因为企业内部高管人员本就是经理人市场的组成部分，是潜在的总经理人选。但问题在于，在经理人市场不成熟甚至不存在的情况下，这种内部选择就基本局限于“矬子选大个儿”，即使选了并非真正具有企业家能力的人，也只能是“将就”；另一方面，即使选出了真正有能力的企业家，在信息不透明的情况下，也会被认为是“关系”的产物，而不被当作是“真实能力”的产物。

因此，关键问题不在于是内部选拔还是“空降”，而在于有无成熟的经理人市场。在成熟的经理人市场上，不论是内部选拔还是“空降”（其实是外部选聘）都可以把水平高信用好的经理人选出来。

《国企》：国资委试行过在全球范围内招聘央企高管，引起社会的广泛赞誉。但我们分析了东风总经理全球招聘，发现参加笔试的 28 人中多是国企高管，最终进入 10 强的，东风系统入围 7 人，另外 3 人分别来自一汽、长安和广汽。请问如何看待“中标”的职业经理人多是体制内人员的现象？

高明华：中国国企从总体上来看，仍然没有扭转行政选拔的大局。目前选聘企业总经理基本上是国资监管机构和组织部门主导，一般有三个来源：一是从政府中选派；二是从公司内部选拔，一般由某一副手接任；三是将其他国有企业的经营者调任该公司。由于国有企业的经营者拥有行政级别和行政待遇，因此基本上不存在从民营企业家中选聘的问题。实际上，民营企业中不乏优秀的企业家，像法国，优秀的民营企业家是可以成为国有企业的经营者的。中国国企高管多从内部产生，其实质就是职业经理人市场缺失的表现。

《国企》：有职业经理人表示，“现在的国有企业虽然设有董事会、总经理，但是只是形似没有做到神似。比如现在的上市公司，监事会基本上都是虚的，因为监事的工资、奖金、补贴都是企业的总经理说了算，你不听话，就让你的收入受损。”请问如何解决这个问题？

高明华：这个说法是符合事实的。解决这个问题，一要健全法律，大大提高违规成本；二要健全市场，要使企业每个决策主体的行为处于阳光下；三是赋予每个行为主体独立权力和承担独立责任。这三个方面必须同时具备，才能使企业的每个行为主体都对自己的行为独立承担责任。目前最大的问题就是权力和责任脱节，行为主体不对自己的行为独立承担责任。

《国企》：很多企业曾专门招聘过职业经理人，但效果并不好。如某电信企业从一家保险公司“挖”来了一名大客户经理，该经理上任后的表现很让人失望。他们将原因归咎于“空降”者很难与企业的固有文化相融合。请问，怎样比较和选择职业经理人？怎样防范引进职业经理人的风险？

高明华：这个问题的关键不是文化融合问题，而是所选择的经理人的信息不完备，没有把最适合的经理人选择出来。而经理人信息完备是职业经理人市场成熟的重要标志。这里的文化融合，其实主要不是文化问题，而是制度问题，即招聘来的经理人不能适应国企的制度框架。

我曾调研过一家上市的国企(国有控股公司),招聘来一位经理人,这位经理人是一位中国人,在美国企业工作过,有不错的业绩表现,应聘这家国企后,发现这家国企的一些行为不符合公司法和上市公司的相关法规。最典型的一个不合法行为就是公司信息正式发布前提前向国资委汇报,这背离了股东权益平等原则。而这位经理人又十分较真,最终不得不离开这家国企。

当然,文化融合问题也确实存在,但不是主要的。如果有健全的经理人市场,这个问题是可以有效解决的。因为在健全的经理人市场上,经理人的信息是可靠可信的。这样的经理人市场,一方面为企业提供了一个广泛筛选、鉴别经理人能力的平台,总有适合的经理人满足某个企业的需要;另一方面又能使企业拥有在发现选错经理人后及时改正并重新选择的机会。

(原载《国企》2015 年第 2 期)

国有企业负责人监督体系再解构：分类与分层

国有企业改革是中国经济体制改革的中心环节，也是改革开放以来政府经济工作的重点和难点。在改革开放的过程中，中国国有企业的竞争力进一步增强，对国民经济的控制力、影响力不断提高。国有经济在国民经济中的控制力和影响力不仅表现在数量上的急速增长，还体现在对国民经济平稳较快发展的贡献上，更表现为国有经济在应对国际金融危机中发挥的中流砥柱作用。作为国有企业运营的核心人物，国有企业负责人是完成企业目标的执行者。国有企业负责人是否能够在最大程度上满足国有企业所有者的利益要求，取决于对国有企业负责人的健全、合理、有效的监督机制、约束机制与激励机制。

2013 年 11 月，党的十八届三中全会通过《中共中央关于全面深化改革若干重大问题的决定》，明确提出要“健全协调运转、有效制衡的公司法人治理结构。建立职业经理人制度，更好发挥企业家作用。……建立长效激励约束机制”，由此开启了国有企业制度改革、机制创新的新里程。一方面，以《中央管理企业负责人薪酬制度改革方案》为代表的一系列以规范国有企业负责人激励机制为目标的政策不断出台，从激励角度创新国有企业负责人的监督体制；另一方面，2014 年 7 月国务院国资委召开全面深化改革领导小组第九次全体会议，会议审议了《关于启动四项改革试点工作的建议》，正式启动央企派驻纪检组的试点工作，使得国有企业（尤其是中央企业）成为十八大后反腐的主战场之一，从监管角度创新国有企业负责人的监督体制。激励机制与监管机制是国有企业监督体制的重要组成内容，前者是对国有企业负责人的正向监督，后者则是对激励机制发挥作用的有效保障，激励与监管只是对监督体制机制的不同角度的诠释。那么，不同类型国有企业的负责人应当如何选聘，国有企业负责人的薪酬应以什么作为支付依据，国有企业负责人贡献的评价标准是什么，国有企业负责人从哪里得到激励，如何有效结合股东、董事会等内部监督机制与法律、市场等外部监督机制，实现对国有企业负责人的有效监督？本文拟对上述问题做出回答。

一、“分类”和“分层”：监督对象的确定

30多年的国有企业改革，采取的基本上是统一的企业负责人监督体制机制，即“大一统”的非市场化监督体制机制，这种体制机制的核心是政府任命，政府监督。然而，中国国有企业类型多样，分布广泛，对国有企业负责人监督体制机制采取统一模式显然是不合适的。这是因为，不同类型的国有企业发展目标不同，改革路径不同，经营方式也不同；同时，同一企业的负责人来源不同，承担职责也有区别。因此，对于国有企业负责人的监督体制机制，应该区分国有企业的不同类型以及负责人的不同来源和职责。

（一）国有企业“分类”

国有企业分类改革是基于中国国有企业的实际布局。所谓“分类”，是指中国国有企业具有不同类型，具体可以划分为两大类四小类（参见表1）。一是合理垄断性国有企业，包括公益性国有企业、自然垄断性国有企业和稀缺资源垄断性国有企业，这三类或者具有公共性或准公共性，或者因资源稀缺而必须抑制过度开发和过度消费，因此都必须由国家垄断经营，故称之为“合理”垄断；二是竞争性国有企业，不属于以上三小类的国有企业都可以归为此类，[1]包括目前仍处于垄断（实际是行政垄断）地位的国有企业。鉴于目前国有企业的复杂性，不少国有企业同时具有相互矛盾

的不同功能，既有盈利性又有公益性，对这些国有企业，必须通过重组和剥离，实现国有企业功能的纯粹性。否则，互相矛盾的不同功能都难以实现，甚至还会诱发利益输送和国有资产流失等问题。

表 1　国有企业分类

大　类	小　　类	举　　　例
合理垄断性国有企业	公益性国有企业	城市基础设施、公共交通、环境卫生、国防、园林、消防、公共卫生保健等
	自然垄断性国有企业	输电、管道燃气、自来水、铁路运输、水利等
	稀缺资源垄断性国有企业	石油、黄金、稀土、煤炭等
竞争性国有企业	目前仍处于行政垄断地位的国有企业	电信、金融、钢铁、航空运输、路桥建设、汽车等
	目前行政垄断较弱或较纯粹的竞争性国有企业	医药、电子、装备制造、新型建材、建筑、房地产、租赁、流通、旅游、文化等

资料来源：高明华、杨丹、杜雯翠等：《国有企业分类改革与分类治理——基于七家国有企业的调研》，《经济社会体制比较》2014 年第 2 期。本表有所修改。

公益性国有企业应赋予强制性社会公共目标，没有经济性目标。也就是说，它们不以盈利为目的，其作用是直接提供公共服务，以社会和谐和稳定为唯一目标。由于该类企业不能盈利，民营资本不会进入，为保证公众的公共服务需要，该类企业只能由国家独资经营，但不负盈亏，靠财政维持，若有亏损则由财政弥补，政府依法对其产品或服务价格进行控制。

自然垄断性国有企业应以社会公共性作用为主，经济性作用居次，主要通过收支平衡来保证公众福利的极大化。这类国有企业提供的产品或服务是公众基本所需，且具有规模报酬递增和成本递减性等特征，因此其产品或服务应该按边际成本来定价。为了最大程度地提高社会福利，又保证企业不至于亏损，市场经济较为完善的国家一般采用平均成本定价，企业不赔不赚，收支平衡。显然，对这类企业，民营资本也不会进入。如果进入，则势必以降低公众福利为代价。因此，这类企业也应该由国家独资经营，并以成本控制为主要评价指标。

稀缺资源垄断性国有企业也应以社会公共性作用为主，经济性作用居次，通过资源供求和价格机制来保证资源的有效利用。为防止稀缺资源过度耗竭，保证资源利用的可持续，这类企业必须由国有企业来经营，实行国家垄断。尽管民营资本有进入这类企业的很大动力，但那必然造成资源过度开发，影响经济和社会的可持续发展。因此，这类企业只能由国家垄断经营，同时应当对稀缺资源开发征收高额资源税，引导企业到资源富饶的国外地区开采。

竞争性国有企业不直接提供公共服务，而是通过向国家财政上交税收、股息和红利，间接提供公共服务，它们与一般竞争性企业无异，没有任何强制性社会公共目标，经济目标居绝对地位。如果它们自觉提供公共服务，那是它们履行社会责任的行为，应该予以鼓励和支持。如果政府强制性地让它们承担部分公共职能，则政府应当按可比价给予全额补偿。当然，目前有部分国有企业仍然处于行政垄断地位，但随着国有企业改革深化，这类国有企业最终应转为竞争性企业。对于竞争性国有企业，应该大力推行混合所有制，充分参与竞争，按照市场规则运作，追求利润最大化。

国有企业类型不同，对企业负责人的要求也应不同。合理垄断性国有企业负责人应以公众利益最大化为目标，满足公众对公共品、准公共品，以及经济社会可持续发展的需求；竞争性国有企业负责人则应以股东(含国资股东和民资股东)利益最大化为目标，实现股东资本的保值和增值。

(二) 国有企业负责人“分层”与监督对象确定

从公司治理角度，国有企业负责人的“分层”不是把负责人按行政级别分类，而是指同一企业的不同负责人具有不同的来源和职责。

对于三类合理垄断性国有企业，基于公益性、准公益性、资源稀缺性的企业特点，以及满足公众利益和经济社会可持续发展的目标，国有企业负责人不存在“分层”问题，即他们均由政府委派，且有相同的职责，只是职责分工不同。

对于竞争性国有企业尤其是国有控股的混合所有制企业，企业负责人可以分为四“层”：一是政府董事(即政府委派的代表国资的外部非独立董事)；二是独立董事；三是高管董事；四是非董事的高管人员(如不担任董事的副总经理)。政府董事和独立董事是外部董事或非执行董事，高管董事则是内部董事或执行董事。对于企业集团中的子公司，企业负责人同样存在来源和职责等方面的差异，但不再存在政府董事，而是代之以母公司派出的、代表母公司(股东)利益的外部非独立董事，该类董事不具有政府背景。

国有企业“分类”以及竞争性国有企业负责人的“分层”，意味着对国有企业的监督对象和监督方式的差异化。而明确差异化的监督对象和监督方式，目的是要建立起每个行为主体都能够对自己的行为承担责任的机制。

二、合理垄断性国有企业负责人监督体制机制的创新

合理垄断性国有企业的特点和目标决定了企业负责人监督体制机制基本上参照公务员监督体制机制，即企业负责人应由政府委派，具有相应的行政级别，在信息公开的前提下，以公众满意度、有效成本控制、稀缺资源过度开发程度、生态和环境评估等指标为评价标准，综合行政监督、法律监督、公众监督等多种监督手段，对合理垄断性国有企业负责人进行有效监督和合理激励。

对合理垄断性国有企业负责人进行有效监督和合理激励的前提是正确评价企业负责人的贡献，只有对合理垄断性国有企业负责人的行为和贡献做出正确评价，才能对其进行有的放矢的监督和约束。对于不同类型的合理垄断性国有企业，由于经营目标和方式的差异化，其监督和约束的标准是不尽相同的。

公益性和自然垄断性这两类国有企业负责人的贡献应以企业的有效成本控制(包括负责人履职成本)和公众满意度作为标准。选择有效成本控制作为评价标准,是因为这两类国有企业需要在满足公众需求的前提下尽可能降低成本,防止虚增成本,对于公益性国有企业,还应尽可能减少财政压力。因此,能否有效控制成本水平,以最小的投入获得公众满意的公共品和准公共品的产出,是评价公益性和自然垄断性国有企业负责人贡献的主要标准。选择公众满意度作为评价标准,是因为公众不仅是公益性国有企业和自然垄断性国有企业的所有者,也是企业产出的最终使用者,且公共品和准公共品是不能选择和替代的。因此,能否为公众提供数量足、质量优的公共品和准公共品,就自然成为评价公益性国有企业和自然垄断性国有企业负责人贡献的重要标准。

对于稀缺资源垄断性国有企业来说,由于需要抑制消费,因此产品定价必须考虑供需水平,这使得企业可以盈利,只是盈利需要绝大部分上缴国库,然后通过国家财政支出回馈公众。所以,对于这类国有企业,要把成本控制水平(包括企业负责人履职成本)和利润水平作为企业负责人贡献的重要评价标准。同时,由于稀缺资源垄断性国有企业的生产资料来源于国内不可再生的稀缺资源,因此是否过度开发资源以及相应的对生态环境和经济社会可持续发展的影响程度也是衡量稀缺资源垄断性国有企业负责人贡献与行为的重要标准。

监督是促进国有企业负责人努力将自身利益与企业利益一致化的重要手段,但不是唯一手段。与监督相对应的是激励,激励同样可以实现这种一致化。可以说,监督和激励是一枚硬币的正反两面,在促进国有企业负责人努力工作上发挥着同等效力。那么,如何通过激励机制创新促使合理垄断性国有企业负责人将企业利益纳入自身效用最大化的目标函数中呢?这包括两个方面,一是职务升迁;二是竞争上岗。由于合理垄断性国有企业不能盈利(公益性国有企业),或者只是微利(自然垄断性国有企业),或者利润要以高额资源税形式上缴(稀缺资源垄断性国有企业),因此对合理垄断性国有企业负责人的激励并不能采用以现金、股票、期权为主要形式的物质激励,而是以职务升迁为主要形式的非物质激励。也就是说，合理垄断性国有企业负责人应保留行政级别，其薪酬待遇则参考同级别的公务员薪酬，并根据其贡献评价确定一定的浮动区间，总体上要略大于同级公务员薪酬。与此同时，应严格控制合理垄断性国有企业负责人的在职消费，避免企业负责人通过在职消费实现自我补偿。在这种情况下，职务升迁就是主要的激励方式。基于这种激励，还可以同时进行竞争上岗，以加大激励的力度。

三、竞争性国有企业负责人监督体制机制的创新

竞争性国有企业是市场化的企业，其发展方向是混合所有制，应当通过强化公司治理、实现依法治企来实施有力的法律监督；通过健全市场体系、促进自我约束来实施有效的市场监督。

（一）竞争性国有企业负责人的选择与贡献评价

如前所述，竞争性国有企业负责人可以分为政府董事、独立董事、高管董事和非董事的高管人员。目前，这些董事和非董事的高管人员基本上都由政府直接或主导任免，且具有行政级别，最高行政级别可达副部级甚至正部级。对于其中的股份有限公司和有限责任公司来说，按照公司法，董事只能由股东（大会）选举产生，高管人员只能由董事会独立选聘，国家作为非单一股东，是无权主导选择或任命的。在政府直接或主导任命和聘用的情况下，高管出现问题的概率不仅高，而且将无人对此负责。由于聘任他们的主体实际上是政府（国资委或上级组织部门），而不是仅仅走形式的董事会，因此董事会是不可能对此负责的，而任命他们的政府部门由于是一个个集体组织，也无人对此负责，集体负责等于无人负责。

无疑，为保证对竞争性国有企业负责人监督到位和各负其责，基于企

业的竞争性,负责人的来源不应相同,相应的监督体制机制也应不同。

政府董事是国有股东的代表,应由政府选择和推荐。对于拥有股东大会的国有控股的混合所有制企业,最终应由股东大会选举产生。为保证政府董事忠实代表国有股东利益,同时避免与高管董事合谋,政府董事应设为外部非独立董事,并享有行政级别,政府对其监督等同于对公务员的监督。

独立董事、高管董事和非董事的高管人员均应来自职业化的经理人市场,不具有行政级别。对于拥有股东大会的国有控股的混合所有制企业,独立董事和高管董事都由股东大会选举产生,总经理(CEO)以外的其他高管人员则应由总经理提名,董事会选聘。

国有企业负责人由职业化的经理人市场中选择,目的是将外在监督更多地转化为自我约束,进而形成有效的企业负责人自我约束机制。职业化经理人市场的核心特征是职业和透明。“职业”意味着经理人的人力资本具有专用性,其职业转移的成本很高,从而促使自己尽心尽力做好自己的经理人职业;“透明”意味着经理人的任职经历(包括成功的经历和失败的经历)和社会关系是透明的,隐瞒个人信息将会被市场认定为不诚信或信用很低而遭到市场淘汰,这对于职业化的经理人来说,代价是极高的。

特别应提到的是独立董事的选择。目前近 1/3 的独立董事来自高校、科研机构和政府(前任),尽管这些独立董事形式上是独立的,但由于不是来自经理人市场,经理人市场的优胜劣汰机制难以对这些独立董事产生约束作用,也就是说,经理人市场的竞争对不是来自经理人市场的独立董事不能起到促使独立董事自我约束和尽职尽责的作用。

那么总经理或 CEO 的来源又如何呢?根据北京师范大学公司治理与企业发展研究中心的“中国公司治理分类指数数据库”,2013 年沪深两市 2 293 家上市公司样本中,有 279 家(12.17%)上市公司的总经理是由市场选聘的。其中,112 家是国有控股公司,约占全部国有控股公司的 12.56%;167 家是民营控股公司,约占全部民营控股公司的 11.92%(参见表 2)。

表 2　2013 年上市公司总经理由市场选聘的公司数目及比例

公司类型	样本公司数	市场选聘总经理的公司数	市场选聘总经理的公司占同类公司的比例(%)
国有控股公司	892	112	12.56
民营控股公司	1 401	167	11.92
总　计	2 293	279	12.17

资料来源：北京师范大学公司治理与企业发展研究中心“中国公司治理分类指数数据库”之“中国上市公司企业家能力指数数据库”。

可以看到，不论是国有控股公司，还是民营控股公司，市场选聘总经理的比重都是十分低的。更应值得注意的是，国有控股公司的市场选聘总经理并非都由董事会独立选聘，更多的是政府主导选聘。因此，真正由董事会独立选聘总经理的比例是更低的。由于不是董事会独立选聘总经理，使得董事会对总经理或 CEO 的正常监督关系发生异化，出现监督真空。

竞争性国有企业应当选择什么样的负责人？答案一定是高能力的，并且这种高能力同时包含着对企业和投资者的高度忠诚。这对于总经理或 CEO 尤其重要，因为在规范的公司治理环境下，总经理或 CEO 是真正意义上的企业家。高能力的企业家是在激烈的市场竞争中涌现出来的，靠政府或某个人的“独具慧眼”不是选择高能力企业家的最优方案。当然，这有赖于经理人市场的成熟与完善，有赖于经理人声誉的透明与公开。因此，政府必须积极推动建立职业化的经理人市场，市场的惩戒机制能够对现任经理人产生强激励和强约束，从而造就和涌现更多的高能力企业家。在经理人市场相对完备的前提下，董事会可以从人力资本、关系网络、战略领导、社会责任等方面综合考核应聘者的企业家能力，进而独立选聘出与企业需求相匹配的高层管理者，实现竞争上岗。

目前国有企业负责人的能力如何呢？根据高明华等人的研究（参见表 3），2014 年 2 293 家沪深两市上市公司的企业家（CEO）能力指数平均只有 33.47，其中国有控股公司的企业家能力指数均值为 33.19，略低于民营控股公司的企业家能力指数均值（33.65）。从企业家能力的分项指数看，国有控股公司的企业家人力资本指数、关系网络能力指数、社会责任能力指数、战略领导能力指数的均值分别为30.40、7.56、67.62、27.17。其中,人力资本水平和战略领导能力优于民营控股公司,而关系网络能力和社会责任能力则低于民营控股公司。[2]

表3　2013年上市公司企业家能力指数比较

公司类型	样本公司数	企业家能力指数均值	其中：企业家能力分项指数均值			
			人力资本	关系网络	社会责任	战略领导
国有控股公司	892	33.19	30.40	7.56	67.62	27.17
民营控股公司	1 401	33.65	28.53	8.98	71.17	25.91
总　体	2 293	33.47	29.26	8.43	69.79	26.40

资料来源：高明华、万峰等：《中国上市公司企业家能力指数报告2014》,经济科学出版社2014年版。

很明显,国有企业企业家能力普遍偏低。究其原因有三个方面：一是本项研究评价的对象是总经理(CEO),而总经理在绝大部分公司不是独立的企业家,而是一个附属角色;二是总经理不是董事会独立选聘的,从而不可能选择到高能力的企业家,董事会也没有动力督促总经理成为优秀的企业家;三是职业化经理人市场尚未形成,也难以造就高能力的企业家。这三个原因概括起来,就是总经理缺少监督和自我约束。

对竞争性国有企业负责人的贡献评价也不同于合理垄断性国有企业。竞争性国有企业的目标是利润最大化,利润最大化最终表现为公司价值的增长或者企业资本的保值增值,对于国有控股的混合所有制企业来说,企业资本既包括国有资本,也包括民营资本,利润最大化是所有资本增值的共同结果。利润最大化一方面表现为公司绩效的高低,另一方面则表现为这些绩效承担的经营风险,因此,竞争性国有企业负责人的贡献衡量要以公司绩效与经营风险作为评价标准,以企业资本保值增值作为支付依据,这是对企业负责人的重要激励,而这种激励可以转化为企业负责人的自我约束。

(二)竞争性国有企业负责人的监督与自我约束

对于竞争性国有企业负责人,应以市场约束为主,要建立股东(所有者)对董事会、董事会对高管的制衡机制,要建立各主体对各自行为独立承担责任的体制机制,以实现外在约束和自我约束(如市场淘汰机制、激励性薪酬机制)的双向约束。

根据公司治理的基本规范,必须认识到,股东(大会)、董事会和经理班子相互之间不是一个纵向的等级关系(只有在经理班子领导的生产和经营系统,才是一个纵向的行政管理系统),而是一组授权关系。每一方的权力和责任都受到法规的保护和约束,也就是说各方都有相对独立的权力运用空间和对应的责任,任何一方都不能越过边界,违反程序,滥用权力。如果股东大会和董事会被“架空”或“虚置”,则会出现股东对董事会,以及董事会对总经理的监督上的“真空”。

具体而言,由于政府董事、独立董事、高管董事都是董事会成员,因此均应接受股东的监督和市场约束;对于高管董事和非董事的高管,则必须接受董事会的监督和市场约束。

第一,要调动所有股东对董事会监督的积极性,以形成监督合力,防止大股东侵害和政府公权力介入。对此,一是实现股东权利平等,国有股东不应享有特权,对中小股东应该实行累积投票制,以保证他们参与公司决策和监督董事(代理人)的权力。二是大幅度降低股东行权成本,提高中小股东参与公司治理尤其是参与对董事进行监督的动力。三是出台集体诉讼和索赔方面的法律,切实保护股东利益,以督促董事们审慎和科学决策。四是实行股东满意度调查制度,如果董事会支持率低于80%,则应启动董事会解体程序。五是在公司控股形态上,尽可能采用国有相对控股,最终股权形态是竞争的结果,这有利于股东之间的相互制衡。

第二,要明确董事会的职能是对公司的战略指导和对管理层的有效监督,确保董事会对公司和股东的受托责任,以此加强董事会的监督与自我约束。为此,必须高度重视董事会的如下问题：一是董事会作为代理人如何做到对委托人尽职尽责？二是董事会作为决策者如何做到科学决策？三是董事作为监督者如何做到监督到位而不会被经营者(被监督者)所干扰？四是董事会作为利益主体如何做到既有动力又不被利益所“俘虏”?[3]上述问题的实质是董事会的独立性。董事会独立是董事会科学决策和有效监督的重要保证,要避免把作为监督者的董事会和作为被监督者的经营层混为一谈,这有利于避免国有股东干预企业经营问题。每个董事必须独立进行决策,独立对自己的行为承担责任。董事会中必须有较多独立董事,应不少于50%,否则独立董事难以发挥作用。独立董事必须是高度专业化的,而高度专业化的独立董事又来自高度职业化的经理人市场。要根据公司法,实行董事会独立选聘总经理(CEO)机制,并通过董事会备忘录制度使每个董事承担选错总经理的责任。董事会备忘录制度在促使董事承担责任和自我约束方面起着非常重要的作用。在这种制度下,董事会秘书必须对每位董事的决策(比如选择总经理)客观、完整地记录在案,并在下次董事会正式开始前由每位董事认可并签字,从而该记录便具有了法律效力。一旦某位董事的某项决策被证明是错误的,则该董事必须要承担责任。比如已选聘的总经理如果事后证明很"糟糕",之前在选聘该总经理时投了赞成票的董事,则要承担选错的责任,包括辞职或对股东承担赔偿责任等。

第三,应在厘清董事会职能的前提下,高度重视企业家的独立性和能动性,并建立企业家自我约束机制。高管董事和其他高管应来自经理人市场,应明确企业的企业家不应是董事长,而是总经理。董事会(包括董事长)负责监督,但监督不是干预,要充分发挥总经理的能动性,为此必须给予其独立性,包括赋予独立权力和独立承担责任,以实现企业家的自我约束。

企业家的独立性体现在选聘方式上,能动性则主要体现在薪酬激励方面。竞争性国有企业高层管理者来自市场,市场化选择和淘汰可以实现高管的自我约束,对此前已分析,不再赘述。相应地,高管薪酬也应由市场决定。在具体薪酬制定中,应参考同行业、同规模、同地区其他竞争性国有企业的高管薪酬水平,在科学评价企业绩效的基础上,对高管绩效做出客观评价,并以此作为竞争性国有企业高管薪酬支付的依据。另外,竞争性国有企业的高管薪酬应当公开透明,以此促进经理人市场均衡价格的形成。对于具有行政垄断性的国有控股公司,衡量高管薪酬是否合适,需要剔除非因高管努力(如政府赋予垄断资源和特殊政策)而产生的经营成果,也应考虑营业收入中是否有虚高的成本因素。

不同于合理垄断性国有企业，竞争性国有企业的高管薪酬形式是多样化的。竞争性国有企业的高管薪酬应当采用现金激励与股权激励相结合，短期激励与长期激励相促进的薪酬包。利用上述薪酬工具将高管个人利益与股东利益联系起来，使得高管在最大化自身利益的同时，实现股东价值最大化。

具体而言，竞争性国有企业适合“分层”确定负责人的激励方式。(1) 对于政府董事(外部非独立董事)，应实行“公务员基准＋贡献＋行政级别”的激励机制，薪酬待遇可以略高于同级公务员的薪酬待遇。(2) 对于独立董事，应采用国际通行做法，即车马费加少部分津贴，应通过经理人市场，建立独立董事声誉机制，而强调薪酬机制是不利于独立董事的独立的。如果独立董事是其他企业的现任高管，在透明的职业化的经理人市场上，一旦独立董事丧失独立性，或者未能尽职，则其在经理人市场上的声誉就会下降，进而会对其担任的其他公司高管产生负面影响，如降薪或被辞退。(3) 对于高管董事和非董事的高管，应实行市场化薪酬，但前提是由董事会独立从经理人市场选聘。在经理人市场上，高能力的企业家应有高价格，这是建立企业家自我约束机制的重要方面。因为在高度竞争的、透明的、职业化的经理人市场上，只有高能力的企业家才会要求高价格，这种高价格能够把高能力的企业家和低能力的“滥竽充数”者区别开来。一旦高能力的企业家被聘用，他(她)将会尽其所能发挥其最大能力，因为其失去企业家职位的机会成本将非常高昂。

四、国有企业负责人监督机制创新的重要保障：信息披露

不管是合理垄断性国有企业，还是竞争性国有企业，都必须加强信息披露。充分的信息公开，有利于促进国有企业负责人的合规行为，有效防止竞争性国有企业实施混合所有制改革中国有资产流失和内部人控制问

题;真实的信息公开,有利于促进经理人市场均衡价格的形成,并对企业负责人形成足够激励。可见,严格的信息披露是国有企业负责人监督机制创新的重要制度保障。

(一) 国有企业信息披露现状:来自上市公司的数据

根据高明华等人的研究(参见表 4),2013 年 2 464 家沪深两市上市公司中,国有控股公司总数为 965 家,自愿性信息披露指数均值为 41.21;民营控股公司总数为 1 499 家,自愿性信息披露指数均值为 42.01;民营控股公司的自愿性信息披露水平高于国有控股公司。从自愿性信息披露的分项指数看,除治理效率外,国有控股公司在治理结构、利益相关者和风险控制三个方面的自愿性信息披露水平都低于民营控股公司。[4]

表 4 2013 年上市公司自愿性信息披露指数比较

公司类型	样本公司数	自愿性信息披露指数均值	其中:自愿性信息披露分项指数均值			
			治理结构	治理效率	利益相关者	风险控制
国有控股公司	965	41.21	31.99	32.99	66.28	33.56
民营控股公司	1 499	42.01	36.64	28.16	66.44	36.82
总　体	2 464	41.70	34.82	30.05	66.38	35.54

资料来源:高明华、张祚禄、杨丹等:《中国上市公司自愿性信息披露指数报告 2014》,经济科学出版社 2014 年版。

由此可见,在宏观经济不景气、行业竞争激烈、政策扶持不力的三重困境下,融资难仍是制约民营企业继续前行的瓶颈。尽管中国资本市场多元化已经开始呈现,银行贷款、境外上市、境内上市、私募等多种融资渠道可供选择,但民营企业真正能够融到足够资金的却是凤毛麟角。于是,民营控股上市公司选择大量披露公司信息,以在投资者面前树立良好形象,积极吸引投资者,利用信息披露这个成本低的手段充分显示自己的好信号。

相比之下,国有控股上市公司在自愿性信息披露方面的表现却显得不尽如人意。国有企业(包括国有控股公司)由于能够得到更多的政府和银行支持，对投资者的信息需求重视不够，但其潜在的风险并不会因为有政府和银行支持而削减或灭失。为防止因信息披露不完全而可能导致的投资者利益损失，对国有企业应该有所提醒。对于国有控股的上市公司来说，其本质就是竞争性企业。因此，政府和银行应取消对国有控股上市公司的特别待遇，使其与民营控股上市公司同等竞争，通过投资者的理性选择，以市场手段促进国有控股公司提升自愿性信息披露水平，确保及时、准确、全面地披露企业所有重要事务的信息，包括财务状况、绩效、所有权结构和公司治理。只有这样，才能保障国有企业负责人监督体制机制创新的实现。

（二）合理垄断性国有企业的信息披露

公益性国有企业应实施高度透明的信息披露制度，而且这种信息公开应该上升到法律层次，即必须是强制性披露，以提高社会公众参与监督的力度。

公益性国有企业的财务账目应该向社会公开，以促进企业经营效率的提升和资源配置的合理化，充分发挥公益性国有企业在促进基本公共服务均等化和建设公共资源合理共享机制中的保障作用。公益性国有企业信息披露内容应涵盖内部财务控制体系制度、财政资金收支状况、社会责任履行状况、社会贡献力提升状况等，应建立健全企业门户网站，并以年报、半年报的形式公告企业财务收支状况，及时发布企业动态。对于大额财政资金项目，需要结合预算定期公告财政资金分配与结存情况，及时总结项目进展中的资金使用与预算执行情况。

基于自然垄断性国有企业具有规模报酬递增、成本递减、产品具有准公共性、公众需求具有刚性的特征，企业应力求实现收支平衡，而不应追求盈利。应认识到，自然垄断性国有企业追求盈利的本质是公众利益向企业的转移，是对公众利益的侵害。但由于实现盈亏平衡的复杂性，企业有一定盈利也属正常。如果有盈利，企业应从定价机制、成本构成等方面详细说明企业盈利的原因，并给出明确的分配方案；如不分配，则需详细披露未来三年资金预算及生产支出规划。如果出现亏损,应详细说明亏损原因和亏损弥补方案,并公布专业审计机构的审计意见,防止企业蓄意做账目亏损以寻求财政补贴。另外,政府应强制自然垄断性国有企业披露合理成本控制下的财政补贴方案。接受财政补贴的自然垄断性国有企业,应详细披露其成本控制方案设计及其合理性,以及财政补贴的资金预算明细,以接受社会公众的监督。

稀缺资源垄断性国有企业应详细披露在产品生产、服务提供、经营管理和高管薪酬等方面的成本构成与控制情况,以及企业资源开采对生态环境的影响情况;应采用年报或半年报方式定期披露企业在采购方案、采购定价、生产加工、服务提供过程中的主要成本项目以及管理费用明细;应加强公众对企业高管薪酬等支出的监督,定期向社会公开高管薪酬,而且披露的内容应完整、准确、及时,不仅要公布薪酬总额,还要公布薪酬构成;应定期就企业经营对生态环境进而对经济社会可持续发展的影响进行科学评估,并予以充分披露。

综上,合理垄断性国有企业应实施高度透明的、法治化的信息披露制度,以此加强公众监督,促进企业经营效率的提升和资源配置的合理化,充分发挥合理垄断性国有企业在优化国有资产配置,提升国民福利中的保障作用。

(三) 竞争性国有企业的信息披露

竞争性国有企业信息披露应全面市场化和制度化。应按照现代公司治理规范,清晰、完整、及时地披露企业信息,要将信息披露作为降低企业内部人与全体股东之间信息不对称的重要途径。竞争性国有企业应定期将董事会状况、公司治理状况、股权变动状况、内部控制状况、财务及盈亏状况,以及与其他国有企业和民企的关联交易状况等信息进行全面披露。对于隐瞒信息或提供虚假信息的竞争性国有企业,应严格执行相关法律或法规的监管与惩罚规定,惩罚力度应具有足够大的威慑力,以最大可能提高违规成本,降低违规频率。

另外，竞争性国有企业应详细披露股息分配方案，如不分配，应做出充分说明。竞争性国有企业负责人应该认识到，股息和红利分配是保护股东利益，鼓励股东长期投资，促进企业可持续发展的重要制度形式。企业应该按市场规则按时足额向股东分配股息和红利，股息和红利的分配应该对国有股东和非国有股东一视同仁。当企业因扩大生产或者因企业亏损而不预备股息发放或分红时，应提前向社会公开披露，并对原因做出详细的说明。当因企业发展需要不分红时，应披露企业现有资金规模、扩大生产的战略性目标、资金占用规模与项目预计进度安排；当企业因亏损而不分红时，应披露企业的亏损金额、预计未来三年的盈利和现金流。这种信息披露，不仅能提高投资者监督的力度，而且能提高监督的有效性。

五、结　　论

党的十八届二中全会提出国有企业应该分类改革，相应的，不同类型国有企业负责人的监督体制机制应有所不同，此谓"分类"。同时，同一企业，尤其是竞争性国有企业中不同负责人的监督机制也应有所不同，因为负责人的来源不同，职责也不尽相同，此谓"分层"。合理垄断性国有企业必须由国家垄断经营，国有企业负责人监督体制机制基本上参照公务员监督体制机制，但必须考虑成本控制和公众满意度，对于稀缺资源垄断性国有企业，还应该考虑稀缺资源过度开发的程度及其对经济社会可持续发展的不利影响。竞争性国有企业是市场化企业，其发展方向是混合所有制，应当通过强化公司治理、实现依法治企来完成有力的法律监督；通过健全市场体系、促进自我约束来完成有效的市场监督。概言之，国有企业负责人监督体制机制要实现法治化，要建立各主体对自己行为独立承担责任的机制，要营造外部监督与自我约束相契合的体制机制环境。

参考文献

[1]　高明华、杨丹、杜雯翠等：《国有企业分类改革与分类治理——基于七家国有企业

的调研》,《经济社会体制比较》2014 年第 2 期。
[2] 高明华、万峰等:《中国上市公司企业家能力指数报告 2014》,经济科学出版社 2014 年版。
[3] 高明华、苏然、方芳等:《中国上市公司董事会治理指数报告 2013》,经济科学出版社 2013 年版。
[4] 高明华、张祚禄、杨丹等:《中国上市公司自愿性信息披露指数报告 2014》,经济科学出版社 2014 年版。

(原载《改革》2014 年第 12 期)

后　　记

《中国国有企业公司治理分类指引》是国内首份不同类型国有企业公司治理指引。该《指引》的研究和编制得到了国家社科基金重大项目“发展混合所有制经济研究”(批准号 14ZDA025)、国家社科基金重点项目“深入推进国有经济战略性调整研究——基于国有企业分类改革的视角”(批准号 12AZD059)和英国(中国)战略繁荣基金(SPF)的支持。

《中国国有企业公司治理分类指引》是集体智慧的结晶。首先由我提出基本思路和编制大纲，然后分工完成。初稿分工是：

高明华：前言；第一编第一章(一)、第二章(一)、第三章、第四章(一)；第二编第一章(一)、第二章(一)、第三章、第四章(一)。

杨丹、杨一新：第一编第一章(二)、第二章(二)、第四章(二)；第二编第一章(二)、第二章(二)、第四章(二)。

方芳、苏然：第一编第一章(三)、第二章(三)、第四章(三)；第二编第一章(三)、第二章(三)、第四章(三)。

张会丽、张瑶：第一编第一章(四)、第二章(四)、第四章(四)；第二编第一章(四)、第二章(四)、第四章(四)。

杜雯翠、张祚禄：第一编第一章(五)、第二章(五)、第四章(五)；第二编第一章(五)、第二章(五)、第四章(五)。

焦豪、付亚伟：第一编第一章(六)、第二章(六)、第四章(六)；第二编第一章(六)、第二章(六)、第四章(六)。

黄晓丰、宋盼盼：第一编第一章(七)、第二章(七)、第四章(七)；第二编第一章(七)、第二章(七)、第四章(七)。

初稿完成后，由我进行通纂、修改、补充、完善并定稿。在研究过程中，研究团队多次就书稿进行深入讨论，每周二晚是雷打不动的讨论时间，同时通过邮件反复进行沟通，十易其稿才最终定稿，有的章节几乎完全推倒重新改写。实际上，每一章都不是独自某个人的贡献，而是包含着整个团队的辛劳、智慧和思想，研究团队的团结和协作精神使我非常欣慰和感动！

在 2014 年 4 月 2 日召开的"国有企业分类改革与治理研讨会暨《中国国有企业公司治理指引》发布会"上，国务院国有重点大型企业监事会主席季晓南先生、全国政协经济委员会副主任褚平先生、中国企业联合会执行副会长李明星先生、中国社会科学院研究生院原院长刘迎秋教授、国务院国资委企业改革局副局长王润秋先生、中国证监会研究中心副主任黄明先生、中国交通建设股份有限公司副总裁朱碧新先生、中央党校经济学部发展教研室主任谢鲁江教授、北京师范大学经济与工商管理学院原党委书记沈越教授（以上专家皆是该《指引》研究和编制的顾问），以及多位企业家对该《指引》提出了很多重要的、中肯的意见，在此表示衷心的感谢！

《中国国有企业公司治理分类指引》的出版，如果能够对中国国有企业改革和发展有所裨益，将是对我们的极大鼓励。但由于是首次尝试，肯定存在不少问题，甚至错误，欢迎广大读者批评指正，并电邮至 mhgao@bnu. edu. cn。

北京师范大学公司治理与企业发展研究中心

北京师范大学经济与工商管理学院

高明华

2015 年 4 月

图书在版编目(CIP)数据

中国国有企业公司治理分类指引/高明华等著.
—上海：东方出版中心，2016.1
(公司治理与国企改革研究丛书)
ISBN 978-7-5473-0911-7

Ⅰ.①中… Ⅱ.①高… Ⅲ.①国有企业-企业管理-研究-中国 Ⅳ.①F279.241

中国版本图书馆CIP数据核字(2015)第304247号

责任编辑 鲁培康
封面设计 郁 悦

中国国有企业公司治理分类指引

出版发行：东方出版中心
地 址：上海市仙霞路345号
电 话：62417400
邮政编码：200336
经 销：全国新华书店
印 刷：常熟新骅印刷有限公司
开 本：710×1020毫米 1/16
字 数：182千字
印 张：14.5 插页2
版 次：2016年1月第1版第1次印刷
ISBN 978-7-5473-0911-7
定 价：49.80元

东方出版中心邮购部 电话：(021)52069798